# CUANDO EMPRENDER ES TU DESTINO

## Artículos para diseñar tu Vida como emprendedor

Mayo de 2017

*Matías Fonte-Padilla*

Para cualquier tema relacionado con este libro, puede escribir a:

Matías Fonte-Padilla
C/ Pilar, 21, 4º izq.
Santa Cruz de Tenerife – Islas Canarias 38002 España.
Móvil: 00 34 680542622.
E-mail: matias@tamaduste.com

Primera Edición con esta portada: mayo de 2017

ISBN: 978-0-244-60709-8


Impreso en España – Printed in Spain

*"Construye tu futuro. El camino será duro, pero será tuyo".*
*Matías F-P.*

*Gracias:*

*A todos los emprendedores/as. A todos estos hombres y mujeres que arriesgando su vida, su tiempo, su dinero, sus familias, se atreven a cumplir su sueño y emprenden.*

*A todos los mentores, hombres y mujeres que dedican parte de su actividad profesional, de forma totalmente altruista, a ayudar a los emprendedores en el difícil camino de crear su propio negocio.*

*A la Asociación Mentor Day, por su apuesta decidida por crear tejido empresarial, y ayudar a muchos emprendedores a hacer su sueño realidad.*

*A Dionisio Simón, Jaime Cavero, Jéssica Pérez, Jose Miguel Navarro y a todos los que participan en la organización de Mentor Day en Tenerife. Gracias por acogerme siempre con una sonrisa.*

*A Manuel Pérez, por su decidida aportación a la cultura empresarial en Canarias, con su estupenda revista Canarias Empresarial. www.canariasempresarial.info*

# INDICE

Prólogo. ...........................................................................6

1.   Si no fracasas no triunfas. ...........................................8

2.   Nadie nos enseña a manejar nuestro dinero. ...................11

3.   Trato al cliente: Vocación de servicio. ........................14

4.   ¡Emprende!, ¡Crea tu negocio ahora!, ¡Que todos te dicen que lo hagas! ...........................................................................17

5.   ¿Eres demasiado joven/viejo para emprender? ...............21

6.   ¡Aprende a decir que NO, incluso a ti mismo!, ¡No te dejes chantajear! .....................................................................25

7.   Más allá del Coaching empresarial: Mentoring, apoyando a emprendedores. ................................................................29

8.   Vacas flacas y gordas: aprovechando la estacionalidad del mercado. ........................................................................33

9.   Cumple con los propósitos que te planteas este año…y siempre…. ......................................................................37

10.   La función social y ser Feliz, las claves del éxito de tu empresa. ........................................................................40

11.   Por tu futuro, por tu sociedad, por tu país, por un mundo mejor…… ......................................................................43

12.   Sin un duro en el bolsillo es muy fácil fracasar. ...........46

13.     Empatía y Asertividad, las dos caras fundamentales del emprendedor............................................................................49

14.     No tomar una decisión, es tomarla. No te quedes a medias................................................................................ 53

15.     ¡¡¡Ilusiónate cada día como si fuera el primero!!! ...................56

16.     La Paciencia es la madre de todas las Ciencias. ....................59

17.     Superempresarios: no tratéis de controlar el mundo o el estrés os matará. ..............................................................................62

18.     No te hace falta máscara para ser un verdadero profesional..........................................................................…..66

19.     Es imposible quedar siempre bien con todo el mundo. ..........69

20.     Sé tú mismo: que nada ni nadie te limite. ...............................74

SOBRE EL AUTOR. .........................................................................78

## Prólogo.

¿Eres de los afortunados que sabes cuál es tu misión en esta vida? Si es emprender, te ayudaré en el camino.

Era un noviembre ventoso e iba con mi bicicleta por el centro de Santa Cruz de Tenerife. Dentro de la ciudad me encanta desplazarme en bici. Muchas personas creen que no es posible usarla porque hay demasiadas cuestas, pero todas son asumibles una vez uno tiene un poco de entrenamiento. Y como creen que no es posible, pues ni lo intentan. Y se pierden la oportunidad de hacer ejercicio, aparcar sin problema, no sufrir colas, etc. El miedo, ese omnipresente enemigo del éxito.

Aquel día me sonó el móvil mientras subía una cuesta. Me paré y lo cogí, no era un número conocido. Manuel Pérez se presentó. Me comentó que tenía una revista online de gestión empresarial y que si yo quería podía realizar un artículo mensual para ella, que él me reservaría una página solo para mí. Por supuesto no podía pagarme nada a cambio, salvo quizás hacer publicidad de mi libro en la misma página.

Acepté de inmediato, sin ni siquiera conocerlo. Me encanta escribir, y era una oportunidad de dar a conocer mi particular filosofía de emprender. Además, una de mis máximas es no dejar pasar oportunidades cuando surgen, porque rara vez se repiten.

En aquel momento mi libro "20 consejos para emprender con éxito. Reflexiones de un empresario arruinado" iba por su segunda edición, y yo ya participaba de forma activa en formación para emprendedores. Pensé que era una forma más de ayudar.

Tres años después continúo escribiendo mi artículo mensual para la revista Canarias Empresarial. Y continuo ayudando al emprendimiento, con mis talleres en centros educativos, artículos en medios de comunicación, y mentorizando a tantos emprendedores como mi apretada agenda me permite. Y esta publicación ha pasado de ser una revista que se distribuía únicamente por e-mail a tener su propio portal en internet: www.canariasempresarial.net. Ver como

Manuel Pérez junto a sus colaboradores han logrado consolidar este proyecto me parece fascinante, y aún más cuando lo hacen de forma totalmente altruista. Y ahora es sin duda el portal imprescindible que todo empresario y emprendedor debe consultar para estar al día del mundo empresarial.

Me siento orgulloso de trabajar junto a personas que, como yo, invierten mucho tiempo y dinero en apoyar el emprendimiento en Canarias. Entre todos estamos poniendo muchos granitos de arena para lograr que ser emprendedor/a en estas islas sea reconocido y apoyado como merecen todos estos hombres y mujeres que lo arriesgan todo por su sueño. Sé que en el resto de España muchas personas están luchando por el mismo objetivo: crear un tejido empresarial sólido que genere riqueza y estabilidad. Ojalá entre todos/as lo logremos.

Te ofrezco una selección de sólo 20 de mis artículos, publicados en esa revista y en otros medios. He escogido los que te pueden ayudar. Tienes espacios en blanco para que puedas escribir. Espero que los disfrutes y te ayuden a entender mi filosofía de emprender, basada en tres principios: "Crea tu Futuro, será duro pero será Tuyo", "Lo importante no es la meta, sino disfrutar del camino y ser Feliz", y "Ser Feliz no es un resultado, es la elección personal diaria de invertir en Ti y en tu Sociedad".

Recuerda que ser emprendedor no es un trabajo, es un estilo de vida. Y si sabes disfrutar de lo que haces, alcanzarás cualquier meta que te propongas. Te deseo mucho éxito, no mucha suerte. La suerte la esperan los que no hacen nada por alcanzar sus sueños. El Éxito es la consecuencia del disfrute constante realizando aquella labor que tanto amamos y en la que nos esforzamos dándolo todo. Disfruta tu vida.

Matías Fonte-Padilla.

## 1. Si no fracasas no triunfas.

El fracaso está mal visto en este país. Por eso cuando a un emprendedor le empieza a ir el negocio mal, sigue disimulando. Y en lugar de tomar medidas desde el inicio para evitar la caída, lo que hace es esconder cualquier indicio de que el proyecto está fallando. Y para ello es capaz de seguir realizando gastos durante mucho tiempo para los que ya no tiene liquidez financiera. Y esa situación dura hasta que todo estalla, y ya es demasiado tarde para solucionar nada, ya no existe dinero en caja ni para pagar buen asesoramiento que permita minimizar los daños en la caída.

Pero no es culpa del emprendedor, sino de nuestras propias creencias. Y no ocurre sólo en el ámbito profesional, sino también en el personal. Y así, nos pasamos disimulando ser quienes no somos, y presumimos de un nivel de vida que nuestra economía real no nos permite, por lo que nuestro nivel de endeudamiento es enorme. Y confundimos calidad de vida con nivel de vida, y mientras el nivel de vida es muy caro mantenerlo, la calidad de vida no depende tanto del factor económico.

En España no se puede fracasar en un negocio, porque Fracasar es sinónimo de Fracasado. Si bien en otros países el fracaso de un emprendedor supone una experiencia más en su Curriculum vitae, y es valorado positivamente como un paso más en su formación, aquí no existe esa cultura. El problema comienza antes incluso de abrir el negocio. Son tantos los inconvenientes, la burocracia y los gastos de inicio que muchos proyectos fracasan antes incluso de abrir, y eso que pueden ser ideas innovadoras y de mucho futuro. Y si comienza la actividad, las administraciones públicas frenan cualquier intento de éxito, puesto que limitan económicamente al emprendedor, que se ve abocado al cierre de la empresa no por falta de clientes, sino porque es incapaz de cumplir con las obligaciones tributarias.

Pero esto no lo ve el que decide emprender. Se está fomentando que las personas que se han quedado en paro creen su propio negocio. Y cogen toda la prestación de golpe y la invierten en ese proyecto que creen les va a dar por fin la libertad y el éxito a largo plazo. A los pocos meses se dan cuenta que son esclavos de todos a los que tiene que pagar, que por mucho dinero y tiempo que inviertan en el negocio parece no salir adelante, y aunque dejan de lado su vida personal no sirve de nada, su proyecto cada vez tiene más deudas hasta que, tarde y mal, deciden cerrar lo que con tanta ilusión trataron de lograr. Y la pesadilla no acaba aquí, porque las deudas se pagan, y se quedan arruinados por muchos años, lo que le impide volver a emprender en el futuro.

Para evitar lo anterior hay que desarrollar dos habilidades con respecto al fracaso si se quiere ser un buen emprendedor.

La primera es levantarse como si nada, y seguir adelante. Nadie va a preguntar cuántas veces uno ha caído, sino si ha llegado a la meta. Y si triunfa, le envidiarán los mismos que hacían leña de su árbol caído. Así que hay que levantar la cara, no tener vergüenza por haber tocado fondo, sacudirse el polvo, y seguir caminando como si nada.

La segunda habilidad es aprender de cada fracaso. No hay que dejar pasar esta enseñanza. Aunque duela, hay que analizar todo detenidamente, ver porque uno cayó, y si se podría haber evitado. Aprender para que no suceda otra vez. Y ahora que se está abajo, pensar que beneficios se puede sacar de la nueva situación. Hay que recordar que si no se quiere que suceda lo mismo, no hay que hacer siempre lo mismo.

Para triunfar como emprendedor hay que desarrollar la resistencia al fracaso. Pero para ello es importante no estar solo. Contar con un buen asesoramiento antes del inicio del negocio es fundamental, y durante la puesta en marcha del mismo es imprescindible. Durante toda la vida del proyecto necesitará el apoyo de quién sabe y puede orientarle, los asesores fiscales y laborales. Y no hay que olvidar que el emprendedor es una persona con un sueño, pero que nunca tendrá todos los conocimientos y las habilidades necesarias para poder controlar su negocio sin ayuda.

## 2. Nadie nos enseña a manejar nuestro dinero.

En estas fechas de navidades nos olvidamos de lo que nos cuesta ganar nuestro dinero, y lo utilizamos sin control para satisfacer nuestras necesidades afectivas y familiares. Así, aunque el resto del año lo hayamos pasado mal económicamente, hacemos un esfuerzo y nos gastamos en estas fechas lo que deberíamos guardar para las necesidades de enero. Y eso es independiente de nuestro nivel adquisitivo, o de nuestra solvencia económica, en Navidad derrochamos sin control. Y todo porque queremos ofrecer lo mejor a los nuestros, porque consideramos que nos lo merecemos todo.

Esta forma de proceder, año tras año, es muy peligrosa. Pero ante todo debemos pensar que es solo la consecuencia de nuestra idiosincrasia a la hora de manejar el dinero. No sabemos controlar el efectivo, lo que nos hace extremadamente vulnerables a los gastos, por lo que estamos siempre cerca de la delgada línea roja que separa la deuda del impago. En navidades traspasamos esa línea y nos convertimos en malos pagadores, pero aparentemente no ocurre nada, porque una vez pasada la famosa "cuesta de enero", nuestros ingresos anuales nos permiten pagar las deudas generadas durante Navidad. Y así hasta el siguiente diciembre.

Nadie nos enseña a manejar nuestro dinero. Nos familiarizamos con él desde que somos pequeños, y ya de mayores nos encontramos con una nómina que nos ingresan en nuestra cuenta. Y nos da un vuelco al corazón. ¡Qué vamos a hacer con tanto dinero! Pronto descubrimos que independientemente de lo que ganemos, no logramos pagar todos nuestros gastos. Y esto no tiene que ver con la cantidad que nos entra, sino con nuestra propia educación financiera, que no existe. Pronto aprendemos que para poder progresar nos debemos meter en deudas a corto y largo plazo, y que además las vamos pagando. Eso hace que fácilmente nos endeudemos, y caigamos continuamente en compras que superan nuestro poder adquisitivo. Las entidades financieras y los comercios nos ofrecen continuamente formas de endeudarnos Y así vivimos de por vida, superando nuestros gastos a nuestros ingresos. Por lo tanto nunca alcanzamos nuestra libertad financiera.

Y con estas enseñanzas y forma de vivir nos adentramos a emprender y montar nuestro propio negocio. Resultado: un desastre financiero, porque la única forma que conocemos de avanzar es apoyándonos en la deuda. Y por eso muchas empresas, nuevas o consolidadas, terminan arruinándose. Cualquier imprevisto financiero lleva la ausencia de efectivo primero, el bloqueo económico después, y a la quiebra y cierre al final. Pero no es el fina, porque esas deudas perseguirán al empresario de por vida.

A pesar de no saber manejar el dinero se crean empresas solventes en España. A pesar de dejarnos manejar financieramente por bancos y otras empresas, muchos negocios logran tener éxito, por lo menos durante un tiempo. Por supuesto que para esto ocurra los ingresos han superado con creces los gastos, y aunque se administren mal, da tanto dinero que no importan las pérdidas por mala gestión. Sólo con un buen aprendizaje financiero, y un buen asesoramiento fiscal, puede un emprendedor sacar verdadero rendimiento a ese bien intangible que es el papel moneda.

La primera lección que hay que aprender con respecto al dinero es que nunca puede ser un fin en sí mismo. Es dinero no es nada, y si un emprendedor quiere montar un negocio pensando en ganar mucho dinero, lo más probable es que fracasa. Hay que aprender que el dinero es sólo lo que podamos hacer con él, que no existe materialmente. Una cantidad en concreto, 1000 € por ejemplo, tendrán el valor de lo que hagamos con ellos, podemos gastárnoslos en una noche de hotel o pagar el colegio de nuestros hijos, en un abono de fútbol o en el arreglo dental que tanto necesitamos. La importancia del dinero es por tanto relativa. Por eso cuando no tenemos nada, tener un solo billete en el bolsillo nos hace sentir bien y lo valoramos mucho, pero cuando tenemos muchos billetes, uno sólo no nos parece importante y lo derrochamos.

La segunda lección que debemos aprender es que no tiene el mismo valor el dinero que ingresamos que el dinero que pagamos. La misma cantidad de euros, cuando la ingresamos, en realidad está dividida en todos los gastos que hemos generado para obtener ese dinero, de forma que le tenemos que descontar los gastos proporcionales de Hacienda, Seguridad Social, impuestos municipales, prevención de riesgos, gastos fijos, gastos de personal, gastos de transporte, etc... etc... ¿Cuánto nos queda de beneficio de ese dinero que nos ha entrado? La respuesta es nada o casi nada. Por lo tanto aunque veamos ese billete en nuestro bolsillo, en realidad no es nuestro. No te vuelvas loco gastándolo en la primera deuda que tengas, ni mucho menos en darte un capricho. No es tuyo.

Sin embargo, cuando tienes que pagar una cantidad determinada, la pagas y se va completa, no te queda nada para ti. Por eso es tan importante controlar los pagos, no hacerlos de cualquier manera. Hay que llevar una agenda muy bien planificada de gastos, para que no se nos vaya acumulando deuda. Y recuerda, el objetivo es mantener el menor nivel de endeudamiento posible en la gestión general, y tratar de ir haciendo crecer el negocio lentamente en función de su incremento natural de beneficios, sin dar pelotazos, porque nos puede salir el tiro por la culata.

No sabemos manejar el dinero. Hay muchas más lecciones que aprender, pero todas se resumen en una: tenemos que aprender a gestionar ese elemento intangible y tan variablemente valioso que es nuestro dinero. Y tenemos que hacerlo con poco riesgo, para que cuando fallemos, que lo haremos, no suponga nuestra ruina.

## 3. Trato al cliente: Vocación de servicio.

Uno de los elementos más importantes del éxito empresarial es el adecuado trato al cliente. Por muy acertada que sea la idea de negocio, el elemento clave es cómo la información llega el cliente, y cómo se realiza el proceso de venta.

Para que un cliente compre debe existir un proceso satisfactorio, un hecho que cubra una necesidad, y por el que está dispuesto a desembolsar dinero. Es también un proceso doloroso, porque en el momento que compra está eligiendo cómo usar su dinero, disminuyendo su poder adquisitivo en aras de obtener un nuevo bien o servicio. Un cliente realiza miles de elecciones al mes, decidiendo en que se va a despilfarrar sus ingresos, para quedarse sin un duro antes de final de mes, e incluso tirará del crédito bancario, tarjetas por ejemplo.

¿Cómo lograr que sea contigo con quién se gaste su dinero? Las personas son animales de costumbre, y es difícil cambiarlas. Eso sí, una vez lo logres, te serán fieles sin volver a plantearse el por qué durante mucho tiempo. Y así consumirán en tu negocio día tras día, aunque tu establecimiento no sea el mejor, ni el más barato, ni el más cercano. Y todo eso lo logramos si sabemos convertir el proceso de compra no en una simple transacción económica, sino en una experiencia vital.

Esto lo conocen desde hace más de medio siglo los que diseñaron los primeros centros comerciales. Allí la gente no va a comprar, va a vivir, a tener experiencias vitales. Por eso pueden pasear y hay actividades y oportunidades para todas las edades. Los clientes malgastan ahí parte de su vida, y los diseñadores de los centros comerciales se ocupan de que la experiencia sea satisfactoria.

Y para que eso ocurra una de las claves es que se sientan bien tratados. Que las personas que les atiendan no sean meros vendedores de humo, sino que exista una empatía recíproca.

La amabilidad no se puede fingir. Es más, si la intentas fingir queda todavía peor. Lo único que puedes es conseguir empleados que la posean de forma innata. Puedes formar a tus trabajadores en cómo tratar a tus clientes, pero no vas a poder lograr que sean verdaderamente cordiales si no es un rasgo de su personalidad.

Por eso, antes de contratar personal tienes que tener claro que perfil emocional necesitas para los puestos de trabajo. Si necesitas gente seria y poco empática, búscalos. Pero no trates de poner en un puesto que exige seriedad a una persona amable y simpática, porque no hará el trabajo como tú deseas. Los clientes huelen con un sexto sentido la personalidad del empleado, y actúan en función de lo que detectan. Un ejemplo claro sería una entrada en un lugar restringido, como una discoteca. Si en la puerta colocas personas demasiado amables o débiles vas a tener problemas. En este caso necesitas personal que transpire fuerza y energía, que hablen con seriedad y trato recto. Los clientes se adaptan a ellos y bajan su nivel de exigencia, y así cumplirán las normas.

Los empleados que tratan a los clientes son la piedra angular de cualquier negocio. Incluso aunque tu negocio sea totalmente on-line, la propia web es como un empleado tuyo, que debe responder adecuadamente a las peticiones del cliente, de forma que se sienta satisfecho, aunque esté interactuando con un programa informático. Una mala web y no tendrás ventas.

Vocación de servicio, esa es la clave. Hay personas que cuando trabajan de cara al público se transforman, y no solamente cumplen con un trabajo, sino que se convierten en servidores públicos. Y están siempre alerta pendientes de lo que sus clientes pueden necesitar, es más, muchas veces se adelantan a ellos, adivinando sus gustos y preferencias. Y también saben no agobiarlos, dejándoles su espacio vital y su tranquilidad para que disfruten de la experiencia. Y así, cuando nosotros como clientes vamos a un restaurante, a una tienda de ropa, o a un hotel, distinguimos claramente quienes son buenos empleados, y quienes no tienen ni sangre por las venas. Y para eso solo nos hace falta un contacto inicial.

Una vez el cliente ha detectado al empleado que realmente vale, se pega a él/ella, y es al único que busca para que le atienda. Y así, un cliente puede repetir su visita a tu establecimiento no por tus precios o el diseño de tu tienda, sino por la "amabilidad" de tus empleados.

Por todo esto, busca empleados que tengan la personalidad que tú necesitas en los puestos de trabajo, fórmalos bien, y déjales que den su toque personal al trato al cliente, permite que tengan cierto control sobre su trabajo. Así lograrás un doble objetivo: que el cliente esté satisfecho y que el empleado se sienta realizado. No olvides que tus empleados son tus clientes internos, y también necesitan vivir una experiencia satisfactoria día a día. Ayúdales a ser felices.

Desarrolla tu negocio para que sea único, y tendrás clientes fieles. Crea Tu Futuro. Será duro, muy duro, pero será tuyo. Y empieza hoy.

## 4. ¡Emprende!, ¡Crea tu negocio ahora!, ¡Que todos te dicen que lo hagas!

No te dejes engañar. Los sistemas económico, político, administrativo, fiscal, laboral y cualquier otro que se te ocurra en este país están configurados de tal forma que se premia al empleado y se demoniza al emprendedor. Si decides ser empleado, entrarás en el sistema, y tendrás innumerables beneficios, pero si escoges ser empresario, mucho antes de abrir tu negocio todo el sistema irá en tu contra, y así será durante toda tu vida como empresario.

Pero desde que comenzó la crisis se ha bombardeado a la población con que la mejor salida laboral es crear tu propio empleo, crear tu propio negocio. A bombo y platillo han anunciado ayudas para la creación de nuevas empresas, han abierto más lugares donde asesorarte, han creado más formación específica para los emprendedores. Emprender está de moda. Ahora lo importante son los emprendedores, y te han tratado de convencer para que solicites toda tu prestación de golpe, o que pidas ayudas y te montes tu propio negocio.

No te dejes engañar. Sé inteligente. Es tu vida. Detrás de cada campaña de concienciación de la población hay siempre motivos escondidos que quizás nunca conoceremos. Uno de los datos más significativos es que por cada persona que sea convencida para montar su negocio conseguimos dos objetivos: bajar la lista de desempleados y aumentar el número de empresas, que son dos síntomas de recuperación económica, aunque dentro de unos meses tengamos un empresario arruinado como resultado.

Es fantástico que las personas sean lo suficientemente valientes para montar su propio negocio, y que eso repercuta en que hayan menos parados y que existan más empresas produciendo. Pero estos dos datos no pueden ser la razón última por la que tú arriesgues tu futuro Tienen que ser la consecuencia natural de proyectos exitosos con empresarios entregados en sus negocios, creando verdadero tejido empresarial, pagando impuestos, movilizando bienes y dinero, y contratando personal, que a su vez dinamizarán la sociedad.

Antes que nada tienes que plantearte seriamente ¿Soy realmente emprendedor? ¿Tengo los conocimientos, los valores y las actitudes de un emprendedor? Y lo más importante ¿Soy capaz de aguantar la presión que supone ser tu propio jefe, y el estrés continuo que eso supone, como horarios interminables, no tener dinero ni para gasolina personal pero tener que pagar a todo el mundo, que los negocios te vayan mal y pierdas lo invertido, que los trabajadores te fallen y te dejen colgado, que los clientes no te paguen, que los proveedores no te den lo que necesitas, pegarte muchos años sin ver un duro de beneficio, perder o limitar tus relaciones personales, etc., etc.? Si tu respuesta a esta pregunta es no, es que no tienes espíritu emprendedor. Un verdadero emprendedor no piensa en nada de esto, porque está luchando por su sueño, y cuando alguien vive su sueño, no está trabajando, está realizándose en su vida.

No vale la pena entrar en el debate de si el emprendedor nace o se hace, porque da lo mismo. La realidad es que un verdadero emprendedor tiene unas cualidades que lo hace diferente de los demás "trabajadores". Podrá ser empleado toda su vida, pero su concepto del trabajo difiere tanto del resto, que muchas veces es totalmente incomprendido. Y en el país en el que vivimos, además es entorpecido, apartado y aplastado, pro el sistema y por sus compañeros.

La primera cualidad que posee es que le gusta lo que hace, y en lo que trabaja le hace feliz. Esto complica todo a su alrededor, porque no se adapta bien a las empresas y sistemas cuadriculados que tenemos en España. Disfruta con lo que hace, y no existe separación entre el trabajo y su vida, todo forma parte de su personalidad, de su forma de vivir en este mundo.

Él o ella no sabe de horarios, ni de "esto se ha hecho así toda la vida", o de "no trabajes tanto que nos quitas el trabajo a los demás", ni "eso es imposible", etc. Todo el día están experimentando, probando nuevas formas de hacer las cosas, optimizando todos los procesos, haciéndose continuamente las preguntas ¿Por qué esto es así?, ¿Podría hacerse de otra manera? Todos los días tiene la mente abierta, y va aprendiendo tanto de cada paso que da que su propio trabajo es su mejor universidad. Aprovecha las experiencias de los demás, y con su actitud positiva trasmite buen ambiente a todo lo que hace y entusiasmo a los que están a su lado. Los conocimientos que adquiere no le importa compartirlos, porque sabe que cuanto más se distribuya el saber, más crecemos todos.

A todo emprendedor le llega su momento de lanzarse a materializar lo que lleva dentro de su mente mucho tiempo, lo que ha decidido es lo que realmente le hace feliz hacer. Encontrar el motivo de su vida profesional es el mayor descubrimiento interior que hace un verdadero emprendedor. El resto son todo añadidos que no van a detenerlo. Sean inconvenientes administrativos, fiscales, laborales, económicos da lo mismo. Él/Ella sabe lo que quiere, y ese es su único objetivo. Da lo mismo que hayan ayudas, o curso de formación, o ventajas fiscales, su proyecto de vida lo ejecutará cuando llegue el momento, sea cual sean las ventajas o inconvenientes. Un verdadero emprendedor crea su propia historia, crea su momento.

El verdadero emprendedor no ve el riesgo, la incertidumbre, el fracaso y los problemas como obstáculos, sino lo tiene todo interiorizado como parte del camino, como parte de su personalidad. La confianza en sí mismo y su visión de futuro van más allá de todo lo negativo. Van a vivir su vida, y nada se lo impedirá. Desgraciadamente, muchos de los actuales empresarios no tienen estas cualidades, son sólo buitres del sistema, que gracias a sus contactos y chanchullos mantienen negocios solo para su lucro personal. Es decir, están vacíos por dentro. Creen que la cercanía al poder y cenar en un restaurante de lujo los hace poderosos. Pero cuanto más tienen más vacíos se sienten, y nunca serán verdaderos emprendedores, es decir, nunca vivirán su vida, la que realmente tenían en su interior, la dejaron aparcada por el vil metal y por sentirse en la élite.

Ahora hazte esta pregunta ¿Quieres arriesgar tu vida porque te están diciendo que ahora es el momento? No. No lo hagas. Primero piensa que vida quieres vivir, fórmate para ello, da pequeños pasos todos los días hacia ese objetivo, y construye tu propio futuro a base de tus decisiones, no de lo que te digan desde fuera. Verás cómo creando tu propio proyecto, dando pequeños pasos todos los días, llegará el momento en que se materializará casi por sí solo, porque habrás trabajado muy duro para lograrlo, y sabes que ese es el único camino al éxito: vivir haciendo lo que te gusta hacer.

Los cantos de sirena para que todo el mundo emprenda ha lanzado a tantas personas al precipicio, a la muerte empresarial. Y después se han quedado endeudados, a veces de por vida, apagándose para siempre esa estrella emprendedora. Tantos verdaderos emprendedores que podían haber creado algo realmente innovador y que creara tejido empresarial, pero que han fracasado simplemente porque se dejaron llevar por los mismos que no arriesgan nada, por los que no emprenden, y que después se les lanzan como tiburones a cobrarles los tributos, ahogándolos antes de empezar. Déjate asesorar por personas que hayan fracasado y aprendido, que estén en la lucha constante, no por apoltronados detrás de su mesa de escritorio.

Crea tu futuro. Crea tu proyecto lentamente. Vive tu vida. Recuerda que solo hay una y es sólo tuya. Disfruta del camino. Conviértete en lo que siempre has querido ser. Pero cuando tú lo decidas. Todo depende de ti.

## 5. ¿Eres demasiado joven/viejo para emprender?

La edad, factor limitante. Los años pasan rápidamente, y tanto si somos jóvenes como mayores, pensaremos que nuestra edad nos impide realizarnos plenamente y alcanzar nuestros sueños. Y esta autolimitación nos influye tanto si somos empleados como emprendedores. "Soy demasiado joven/viejo para trabajar/emprender". Esa frase se nos pasa por la cabeza, y nos influye a la hora de tomar decisiones. Vamos a ver qué significa enfrentarse a una entrevista de trabajo, o tratar de emprender un nuevo proyecto, cuando en nuestra mente el factor edad no nos deja pensar con claridad.

Si tienes un trabajo fijo o eres funcionario, ni siquiera te planteas lo que puede significar que te tengas que enfrentar de nuevo a una entrevista de trabajo o a unas oposiciones. No es nada fácil. Y si eres empresario, te sientes en otro nivel, por lo que es difícil que realmente seas capaz de darte cuenta de lo mal que lo está pasando una persona que va a una entrevista de trabajo. Pero trata de ponerte unos minutos en ese momento.

El estrés que genera no tener trabajo hace que generalmente una persona activa y positiva se hunda en una espiral de pasividad y depresión, que se quede en su casa dejando pasar los días y las semanas, perdiendo muchas oportunidades de promocionarse. Y si es capaz de realizar alguna acción, como visitar empresas y poner currículos, como casi siempre los resultados son negativos, pues todavía se hunde más en la miseria del fracaso. Esa es la definición. Esta persona se siente fracasada. Da lo mismo su nivel académico o su experiencia profesional, los pensamientos negativos afloran, como de que uno no vale para nada, de que ya nadie le va a dar trabajo, de que de nada sirve todo lo que ha estudiado, de que ya no va a encontrar un trabajo digno. Y claro, todo esto paraliza aún más a la persona.

Se produce una inseguridad tan grande que cuando tienes la posibilidad de conseguir un empleo porque te han citado para una entrevista de trabajo, tu cuerpo reacciona con todos los síntomas de nerviosismo posible: sudor frío, pensamientos negativos, temblores, falta de concentración, falta de memoria, etc. Cuando estás en la entrevista de trabajo no te sientes tú, eres una versión muy desmejorada de ti mismo, nunca estás seguro de lo que haces o dices, y siempre la terminas con la sensación de que no enseñaste todo lo que tú eres, que te salió mal, que podías haber hecho o dicho cualquier otra cosa a lo que realmente ocurrió. Y cuando te aceptan, es cuando te das cuenta de que realmente tú sí vales, tu autoestima mejora y te metes de lleno a trabajar con entusiasmo.

Uno de los factores que más desestabiliza la confianza en uno mismo es la edad. Cuando estamos en el proceso de búsqueda de trabajo somos conscientes de la edad de que tenemos, y nosotros mismos nos auto-limitamos "No me van a coger porque soy demasiado joven", "Seguro ya no quieren gente tan vieja como yo". ¿Por qué somos nosotros mismos los que nos ponemos barreras? Si alguien te quiere considerar demasiado joven/viejo para un puesto de trabajo, pues esa persona/empresa es la que pierde la oportunidad de tener a alguien tan valioso como tú.

En algunos trabajos la edad es el factor determinante, es más, muchas veces no importa tu cualificación si tienes la edad adecuada. Un ejemplo de profesión es la de comercial de productos juveniles o azafata/o de congreso, donde si no eres joven jamás podrás optar a trabajar, y por supuesto, si eres mujer además tendrás que tener determinados rasgos de belleza. Increíble. No puedo justificar esa fijación que tenemos en tratar de buscar caras bonitas y jóvenes para determinadas actividades profesionales. Claro está que funciona utilizar gente joven, porque la juventud es un cualidad altamente preciada y deseada, salvo para quien la tiene, que generalmente no es demasiado consciente de su valor.

Considera tu edad como una ventaja, como uno de tus activos más preciados. No la dejes al margen, como si se tratara de un dato que tuvieras que ocultar. Al revés, aprovéchala para conseguir ese empleo que tanto deseas. Y es que la edad es un elemento que valoran en las empresas de forma clara, y te van a etiquetar por ella, no puedes evitarlo.

Si eres muy joven o aparentas ser joven, da lo mismo la experiencia real que tengas, subjetivamente te van a valorar sin la experiencia suficiente para un puesto. Vas a tener que demostrar con tu actitud, y sobre todo con tus hechos, que realmente sabes realizar las tareas con eficacia y eficiencia. Lo mismo ocurre si eres joven empresario, te van a etiquetar como que tienes empuje y ganas de salir adelante, pero que no tienes ni la experiencia ni los contactos suficientes para ser un buen empresario. No te pares a demostrar a los demás lo que eres, dedícate a trabajar en tu negocio y que tus hechos y resultados hablen por ti.

Si eres mayor o aparentas ser mayor, da lo mismo el empuje y las ideas frescas que tengas, subjetivamente te van a valorar como que ya estás acomodado y quemado, y que como tienes experiencia, todo lo que propones es para beneficio propio, y no para la organización. Los más jóvenes te respetaran inicialmente por la edad, pero si eres estricto con tu trabajo enseguida te odiaran y temerán. Si eres empresario tendrás la ventaja de que te etiquetarán con experiencia y serenidad, que no tomarás medidas que pongan en riesgo real tu proyecto, y por lo tanto recibirás más apoyos tanto de entidades financieras como de proveedores. Sin embargo, al no tener el "activo" de la juventud, no podrás competir con tus nuevas ideas y proyectos con jóvenes empresarios/as, a los que el sistema les brinda numerosas ayudas para emprender, y están siempre en el punto de mira de las subvenciones. Si eres mayor, quedas fuera de esa maquinaria que fomenta el emprendimiento.

¿Cuál es la edad ideal para emprender con éxito? Hay quien piensa que sólo una persona que sea emprendedora desde joven puede tener éxito, porque irá aprendiendo de sus múltiples experiencias, se forjará y madurará, creándose a sí mismo. Por lo tanto, parece claro que a emprender hay que empezar de joven. Es más, tenemos la convicción de que un buen emprendedor nace con algo diferente que el resto de mortales. La realidad es que cualquier persona se puede volver emprendedora en cualquier momento, tenga o no tenga experiencia previa. Si bien es cierto que quien tiene espíritu emprendedor desde joven tiene un mayor aprendizaje, esto no le garantiza el éxito. La historia lo demuestra, grandes éxitos empresariales han sido realizados por personas mayores y sin experiencia previa, sólo hace falta navegar un poco por la red para ser consciente de esto.

Por lo tanto, ya sabes, si quieres emprender, nunca es tarde, y nunca es demasiado pronto. Siempre es buen momento para luchar por ese sueño que tienes anclado en tu mente. Todo depende de ti.

## 6. ¡Aprende a decir que NO, incluso a ti mismo!, ¡No te dejes chantajear!

En los negocios, como en la vida, lo más importante es uno mismo. Lo que eres, lo que representas, como actúas. De eso dependerá lo que otros piensen de ti, y como se relacionarán contigo.

Tienes una forma de ser. Puede que seas amable por naturaleza, o quizás brusco. A lo mejor al hablar no haces sino encadenar palabrotas una detrás de otra, o quizás uses un lenguaje educado. Eres de los que te gusta vestir bien y elegante, o quizás nunca te preocupas de tu ropa, y vas desaliñado. Eres de los que cumples tu palabra, y se puede confiar en ti, o eres de los que siempre están jugando un doble juego, en que nada es verdad o es mentira.

Lo que te debe quedar claro es que seas como seas, lo has decidido tú. Es más, cada día cuando te levantas decides como ser ese día. Podrías cambiar, y ser de otra manera, pero has decidido ser así. No le eches la culpa al pasado, ni te justifiques con la frase "es que yo soy así". Y aquí viene lo interesante, hagas lo que hagas, vas a ser vulnerable.

El principal enemigo del emprendedor es el mismo. Seas hombre o mujer, debes estar siempre en alerta contigo mismo. Si nuestras expectativas se van cumpliendo, corremos el riesgo de volvernos demasiado optimistas, de bajar la guardia, y eso te llevará a caer en cualquier momento. Si las cosas te van mal durante un tiempo, corres el riesgo de volverte pesimista y deprimido, y no sólo no salir adelante, sino ir perdiendo las otras oportunidades que no verás.

Desde el punto de vista empresarial, que también personal, debemos controlar mucho tres aspectos fundamentales de nuestra personalidad, y que van a determinar el futuro de nuestro proyecto.

Lo primero es darnos cuenta que nosotros no estamos viendo la realidad, sino nuestra interpretación de ella. Es como si el mundo lo viéramos a través de unas gafas. Por lo tanto, ten mucha precaución antes de tomar una medida importante, no te fíes solo de tu criterio, por muy claro que lo tengas, porque a lo mejor estás viendo la realidad distorsionada. Haz un esfuerzo, y aunque estés seguro de algo, pide siempre la opinión de otros colaboradores. Escúchalos activamente, sobre todo si van en contra de lo que tú pensabas. Así podrás decidir sabiendo de antemano los pros y los contras de tus actos. Si no pides consejo, estarás navegando pensando que todo lo que haces es correcto, en una marea de autocomplacencia que solo te llevará al fracaso.

Lo segundo es ser consciente que la seguridad en nosotros mismos, o nuestra inseguridad, va a tener consecuencias, algunas graves. Decidir es equivocarse, y dañar a los demás. Por muy correcta que creas que es tu decisión, siempre habrá personas que piensen que te has equivocado, y siempre perjudicarás a alguien. ¿Qué significa esto?, ¿Qué no puedo tomar decisiones? No, por supuesto que puedes, y debes tomar decisiones continuamente, pero siendo consciente de que vas a hacer daño a alguien, y que siempre podías haber tomado otro camino, quizás no tan directo. Dudar, al contrario de lo que puede parecer, no es una debilidad, sino una fortaleza de tu personalidad. Duda, plantéate tus esquemas, tus decisiones y tus actos continuamente, y así podrás tener una visión real de lo que está sucediendo.

Lo tercero es manejar nuestro carácter. Ser demasiado amable en una negociación o con una persona en concreto puede crearle falsas expectativas de que todo va bien, y de que ella o él van a conseguir lo que están buscando, cuando en realidad tú solo estás siendo educado. Y así va pasando el tiempo, tú dando falsas esperanzas sin querer, o queriendo, y las otras personas recibiendo los mensajes positivos de que va a lograr lo que quiere. Para evitar esto no seas ambiguo con tus actos y tus decisiones, no trates, por quedar bien, de ser demasiado amable y condescendiente con los demás. Si das dos mensajes positivos y tres negativos, la persona que tienes enfrente sólo verá los positivos, minimizando u obviando el resto. Estas frases del "Esto no es así, pero bueno, en determinadas situaciones podría ser de otra manera…" solo da falsas esperanzas. Y cuidado con hacer concesiones de las que después te arrepientas. Te puede suceder que por afinidad de carácter, o por llevarte bien con alguien, hagas concesiones o caigas en tratos que aunque sean de palabra, no sean justos para ti. Y si ya son hechos, estás metiendo la pata hasta el fondo. Si no quieres un trato con una persona o una organización, simplemente no negocies y punto. Como si no existiera. Y si ya has empezado a tratar, paraliza todo de golpe y no sigas negociando, no hay nada más que decir.

Si no eres capaz de pararte a ti mismo cuando vas por el camino equivocado, difícilmente podrás llegar a acuerdos duraderos y fructíferos con los demás. Di a tu Yo interior que NO, y cúmplelo, aunque sea muy duro. Recuerda que siempre es más fácil hacer lo que nos apetece que lo que realmente debemos hacer. No mantengas relaciones con empleados que sabes qué No, con proveedores que sabes qué No, con clientes que sabes que No. El mundo es grande, y siempre podrás encontrar personas y organizaciones con las que sentirás que Si vale la pena relacionarse. Y cuando las encuentres, no las dejes escapar, trátalas con respecto, y no las traiciones.

Si mantienes contactos e intercambio de información y bienes con personas y/o organizaciones que sabes que NO te convienen, y encima para no quedar mal utilizas un mensaje ambiguo, que les da falsas esperanzas, que sepas que en cualquier momento se virará la tortilla, se sentirán mal tratados por ti, porque les prometiste algo que no estás cumpliendo, y se convertirán en tu enemigo. Para ello, como se sienten traicionados, usarán todas las armas a su alcance, incluyendo toda esa información que has compartido con ellos.

También podrán utilizar el chantaje contra ti durante un tiempo. Al principio lo harán de forma sutil, y si no te das cuenta, cada vez estarás más atrapado en su red, y tú caerás haciendo actos y llegando a acuerdos que claramente te perjudican. Si ellos ven que esta técnica les va funcionando, cada vez te chantajearán más, hasta que tú te sentirás muy agobiado y atrapado en una serie de acuerdos de los que no sabes salir, y que están poniendo en peligro a ti como empresario y a tu proyecto. Romper con esto es fácil, páralo Ya, ahora mismo, estés en el punto que estés, no continúes tratando de quedar bien.

La solución a todas estas relaciones tóxicas está muy clara, es ser directo. Si alguien te insinúa algo que no te gusta, di un No claro y rotundo, con educación, pero sin lugar a equívocos. Este No quizás sea molesto para la otra persona u organización, pero que dejará claro cuál es tu postura. Ya habrá tiempo después para negociar, si tú lo consideras así. Pero no juegues a un doble comportamiento por quedar bien, porque a medio plazo saldrás dañado.

Utilizar un lenguaje claro y directo, realizar unas acciones coherentes con lo anterior, que no den lugar a equívocos o falsas esperanzas, Tú eres siempre el/la mismo/a, piensa y actúa como una persona única y coherente, es la mejor forma de salir adelante en los negocios, y como no, también en tu vida personal. Si tratas de tener dos personalidades, verás cómo todo se complica y llegará un momento que no sabrás ni quien eres. Y recuerda, el valor más importante de cualquier negocio es el emprendedor, y esa piedra tiene que ser firme como una roca, porque si no el edificio empresarial se tambaleará, y posiblemente terminará cayendo.

## 7. Más allá del Coaching empresarial: Mentoring, apoyando a emprendedores.

Una nueva forma de asesoramiento está despuntado, el Mentoring. La figura de un mentor que ayude al emprendedor durante un tiempo prudencial. Una persona con mucha experiencia que sirva de pañuelo de lágrimas, que sepa escuchar, que ayude al emprendedor a ver desde fuera los problemas, pero con una serie de límites muy claros, para que sea el propio emprendedor quien tenga siempre las riendas de su negocio, sin verse asesorado ni dirigido hacia unas determinadas decisiones. El Mentoring es también la vacuna contra la soledad que sufre todo emprendedor.

Desde hace tiempo me encontraba con una paradoja: por un lado los nuevos emprendedores necesitan un buen asesoramiento para salir adelante, puesto que desconocen la realidad de la gestión empresarial, y pueden tomar fácilmente decisiones erróneas, pero por otro lado los servicios de asesoramiento y las administraciones limitan tanto el margen de maniobra que realmente parece que el negocio no está bajo el control del emprendedor. Además está el factor de la formación del emprendedor, que puede ser tan extensa que nunca una persona estaría suficientemente formada para emprender. Y emprender con desconocimiento es un billete al fracaso empresarial.

Esto ha hecho que sea necesario considerar por un lado la formación del emprendedor y por otro el asesoramiento sobre el negocio. Pero claro ¿Hasta qué punto los que asesoramos debemos implicarnos en la toma de decisiones de un negocio? Hasta nosotros llegan emprendedores llenos de problemas que a gritos nos piden ayuda para solucionarlos. A veces vemos cómo resolverlo y otras no, pero ¿Debemos realmente guiar al emprendedor para que tome una determinada decisión, o es mejor no decirle nada para que se estrelle y aprenda a base de experiencia propia, de cicatrices?

Para formarte como emprendedor tienes muchos caminos, pero obviamente el más efectivo es la propia experiencia. Pero resulta triste que un empresario para aprender tenga que tropezar con la misma piedra con la que otros muchos ya cayeron. Por otro lado, nadie puede sustituirte, eres tú el que tienes que tomar las decisiones, erróneas o no, tener éxito o no, plantearte nuevas metas, trabajar duro para sacar adelante tu negocio.

En esta crisis empresarial en la que nos encontramos ha surgido un nuevo empuje para que las personas nos convirtamos en emprendedores. Por parte de las diferentes administraciones surgen iniciativas que fomentan que iniciemos proyectos, que invirtamos nuestro esfuerzo y nuestro dinero en hacer realidad ese sueño que teníamos claro: tener nuestro propio negocio.

Pero cuando bajamos de la nube y nos ponemos manos a la obra nos encontramos con que el mundo empresarial real es muy duro y desagradecido. Y no hay nada que nos asegure el éxito, aunque hayamos elaborado del Plan de Empresa perfecto, aunque contemos con el dinero y los recursos necesarios, aunque tengamos ese local con el que tanto soñábamos, incluso aunque nuestras ventas vayan mejor de los esperado. Sabemos que en numerosas ocasiones las empresas de nueva creación fracasan, perdiéndose todo lo invertido y lastrando al emprendedor en nuevos proyectos. Para evitar esta catástrofe, y es que en España fracasar supone una catástrofe, debemos contar desde el principio con mucha ayuda. Pero hay que tener presente que desgraciadamente la persona que elige ser emprendedor/a se enfrenta al peor de los desafíos: la soledad.

No hay sentimiento más profundo y desesperante en el mundo empresarial que la soledad. Cualquier empresario la conoce. Da lo mismo que estés rodeado de empleados, clientes y proveedores, sabes que en realidad estas solo. Da lo mismo que estés todo el día ocupado resolviendo millones de cuestiones. Cuando el estrés del día te deja un respiro descubres que no tienes nadie a tu lado. Todas las decisiones dependen de ti, todos los fracasos son tuyos, todas las pequeñas alegrías del día las tienes que celebrar tu solo. De hecho, si tratas de explicar a cualquiera que te rodea porque te sientes así, nadie te va a entender. Tú creas tu propio mundo, y fuera de él no hay nadie que sepa comprenderte.

Pero aparentemente no estás solo. Si sabes moverte tienes ayuda desde antes de poner en marcha tu negocio. Ante todo, en la fase de planificación debes contar con el apoyo de familiares, amigos, y servicios de creación de empresas, como los existentes en las cámaras de comercio. No olvides buscar la voz de la experiencia en personas que ya hayan emprendido un negocio como el tuyo. Y por supuesto, no debes dejar de lado tu formación, aprender todo lo necesario para conocer al máximo todos los aspectos de tu negocio.

Afortunadamente son muchos los servicios y recursos que existen actualmente para poner en marcha un negocio. Todos ellos ponen el énfasis en el proyecto en sí, pero ¿Qué es un negocio sin un buen emprendedor? Por muy exitoso que pueda ser un proyecto, se derrumbará si detrás no hay una persona estable, responsable, con capacidad de liderazgo, con la mente puesta en las metas, con alta resiliencia, en definitiva, con todas esas cualidades que deben poseerse para alcanzar el éxito. Muchas de ellas no las posees, y algunas no serás capaz de desarrollarlas. Y por otro lado, está lo que aprendes con la experiencia, pero si tienes que aprender a base de caer en todos los errores que otros ya cometieron nunca saldrá adelante tu negocio.

El Mentoring aparece como una solución muy equilibrada y positiva de ayuda al emprendedor. Un mentor es una persona que ha sido o es empresario, o que tiene mucha experiencia en gestión empresarial, o que es especialista en aspectos específicos que pueden ayudar al emprendedor, como las finanzas o la psicología. Un mentor es capaz de ver lo que un emprendedor novato no ve, porque muchas veces ya el mentor ha tenido que levantarse de las caídas por piedras de las que el nuevo emprendedor no sabe ni que existen.

Ser mentor es acompañar al empresario en su trayecto, escuchar sus problemas, hablar con él para que sea capaz de organizar sus ideas, es hacerle sentir que no está solo. Una vez eliminada la soledad, se siente seguro, firme para tomar decisiones. Una vez el empresario es consciente de que te tiene cerca, se sentirá más arropado, y escuchar tus preguntas le permitirá ordenar sus ideas. Ayudar sin dirigir, aconsejar sin asesorar, servir de apoyo sin predisponer, la labor del mentor es complicada, porque significa ver sin intervenir, incluso cuando sabes que un camino determinado puede llevar al desastre, pero con la tranquilidad de saber que estás aportando todo tu saber y experiencia de forma altruista en un proyecto que aunque no sea tuyo, te sentirás parte de él. Y con el emprendedor se establecerán unos lazos que irán mucho más allá del simple asesoramiento, una empatía que hará que seas alguien muy especial para él/ella.

Si quieres aportar todo lo que eres para que otro pueda triunfar, no lo dudes. Sé que el camino de mentor es difícil, porque yo lo estoy recorriendo, pero es la mejor forma de que tu propio sacrificio sirva para ayudar a los demás.

## 8. Vacas flacas y gordas: aprovechando la estacionalidad del mercado.

La vida personal transcurre de forma lineal, pero también de forma estacional. Todos los años llegan las navidades, con esas comidas de más y el aumento de nuestros gastos. Después la cuesta de enero, con esos kilos de más en el cuerpo y de menos en la cartera, y justo comienzan las rebajas, en las que tenemos que gastar más para comprar a buen precio. Un mes más tarde carnavales, donde tratamos de desconectar del mundo real y aumenta nuestro consumo de nuevo. 40 días después Semana Santa, donde tratamos de aprovechar para disfrutar de unas mini vacaciones, y gastamos lo que podemos. Cuando llega el verano nos toca viajar para cambiar de aires, y volvemos a consumir de más. Justo después el inicio del colegio, donde todos los años tenemos que desembolsar una buena cantidad de dinero para que a nuestros hijos no les falte de nada. Y así volvemos de nuevo a navidades, donde el ciclo del gasto se repite. Y así año tras año toda nuestra vida. Habrá años de abundancia, donde gastaremos más, y años de pobreza, donde nos ajustaremos el cinturón lo más posible, pero siempre cumpliremos con estos rituales. Lo más curioso es que siendo conscientes de que estamos dentro de un círculo de gasto todavía nos sorprendan determinadas fechas sin estar preparados para afrontarlas económicamente ¿Es que no vemos que todos los años es igual?

Esa falta de visión de futuro es reprochable desde el punto de vista personal, pero imperdonable desde si eres empresario/emprendedor. Una persona de éxito no puede permitirse el lujo de vivir en el ahora sin estar preparado para el futuro inmediato. Hay que conocer los ciclos de la economía y el mercado, y aplicar una estrategia a medio plazo que te permita aprovechar las fluctuaciones a tu favor.

Todos los años comienza a llover, pero nos encontramos que muchos comercios no ofrecen paraguas hasta bien entrados en la época de lluvia. Eso es ir por detrás de las fluctuaciones, y es perder la oportunidad que ofrece estar a la vanguardia, la ventaja de ser el primero.

Lo primero que debemos considerar como empresarios es que un negocio de éxito siempre se adelanta a los ciclos temporales. Muchos meses antes de la venta hay que hacer una buena planificación de fabricación, compra y distribución. Es más, se trata de aprovechar el momento de contra-tendencia para acumular producto que venderemos cuando el mercado lo demande. ¿Cuándo es el mejor momento para comprar un producto como empresario? Cuando los consumidores no quieran comprarlo, porque en ese momento tendrá el precio muy bajo. Comprar impermeables cuando se inicia el verano y guardarlos para venderlos cuando comience a llover. Ese es el secreto para aumentar el margen de beneficios de cada producto. Y si además eres capaz de tener el producto disponible justo en el momento que se demande, te aprovecharás de ser el primero en venderlo. Si lo posicionas tarde perderás esa ventaja.

Económicamente hay que tener una buena previsión, para disponer de capital cuando sea el momento de comprar. Los negocios exitosos funcionan como la bolsa, se gana al comprar a buen precio, y después hay que vender en el momento preciso. De nada te sirve tener dinero cuando los demás también lo tienen, porque eso solo hace aumentar las compras y los precios, no te da ninguna ventaja. Lo interesante es tener dinero cuando pocos lo tienen, o cuando bajan por precios por la temporada, como en las rebajas. Piensa en la crisis y en el precio de los pisos. Quien tenga dinero en época de crisis es el que tiene la sartén por el mango, porque puede comprar lo que le apetezca, y cuando lo venda o alquile obtendrá grandes beneficios.

Aprovechar la estacionalidad es acertado, pero el éxito absoluto se logra cuando un negocio es capaz de crear una tendencia, un hábito que antes no tenían los consumidores, y que ahora parece imprescindible. Algunos ejemplos son tomar café, usar el coche, utilizar el móvil, las uvas de fin de año, y otros muchos hábitos que forman parte de nuestra vida, y que realizamos año tras año, sin saber muy bien por qué. Las personas somos consumidores sumisos, de forma que basta con que se cree una tendencia para que muchos comencemos a realizar algo simplemente porque está de moda.

Por lo tanto, nuestra misión como empresarios está en crear esas tendencias que nos aseguren el aumento exponencial de nuestros potenciales clientes. Esto se logra creando una necesidad y ofreciendo también la solución a ella, es decir, creando la enfermedad y la medicina al mismo tiempo. Está técnica es muy utilizada actualmente por las grandes compañías. Y si al mismo tiempo es un producto o servicio del que los consumidores puedan presumir delante de los demás, estamos logrando que esos primeros consumidores se conviertan en agentes comerciales nuestros, hay que tener siempre presente que "el boca a boca" es la mejor campaña de marketing posible. Muchas personas pagan más por estar a la última, por adquirir la novedad. Y estos arrastran a los demás consumidores a gastar más de lo que su nivel adquisitivo les permite.

Ahí tenemos que estar nosotros, ofreciendo siempre productos de novedad caros para satisfacer al cliente exigente, y tener también productos baratos y en oferta para contentar al cliente que se rasca los bolsillos. Porque también se presume de haber conseguido una ganga, una buena oferta. Da lo mismo que el producto no sea realmente necesario, pero poder presumir de haberlo conseguido a buen precio eleva la autoestima a muchos.

Tener claras las fechas en que se llenan los bolsillos nuestros clientes es parte del éxito. Si nuestro producto o servicio es para personas mayores, y sabemos que los pensionistas cobran el día 25 de cada mes, es en ese momento donde debemos incidir con nuestra publicidad. Si nuestros clientes potenciales son los parados, nuestros esfuerzos deben ser sobre el día 10 de cada mes.

También debemos considerar la psicología de nuestros clientes potenciales, sus necesidades más primarias. Si vendemos productos para adelgazar, no hay nada como el final de navidades o al inicio del verano para ofrecerlos. Si vendemos productos o servicios de peluquería, no hay mejor momento que antes de los festivos importantes. Y así podríamos seguir poniendo ejemplos concretos.

Piensa ahora en tu proyecto o negocio ¿Estás planificando bien la temporalidad de tus compras y tus ventas, o te estás dejando llevar por lo que hacen los demás? Tu éxito reside en adelantarte, en ser el más previsor, el más rápido, el que viene cuando el resto todavía está yendo. Ánimo, se puede ganar tanto con las vacas flacas y como con las vacas gordas.

## 9. Cumple con los propósitos que te planteas este año...y siempre.

El año comienza, y con él nuestras buenas intenciones. Y de nuevo planteamos esos objetivos que tratamos de alcanzar todos los años. Y te dices a ti mismo que este año lo conseguirás, porque vas a empezar bien desde el principio.

A las pocas semanas ya te has olvidado de todo eso. La rutina y los problemas diarios te han vuelto a aplastar, y ya no puedes levantar la cabeza ni para respirar. Te dejas llevar de nuevo por el día a día, y así las semanas y los meses vuelven a pasar, hasta que un día te das cuenta que de nuevo el año se está terminando. Otro año sin haber avanzado, y habiendo dejado todos aquellos sueños en la papelera del olvido, en el "quizás algún día"...

Los años pasan rápidamente, y las oportunidades de alcanzar determinados objetivos también. Diez años son un suspiro, sí parece que fue ayer. Pero sabes que no has logrado tus sueños, que cada año eres más viejo y ya estás resignado a dejar de lado aquellas metas que eran tan importantes.

Y así pasa tu tiempo vital, lleno de sueños incumplidos. Y si a eso le unimos las veces que tus miedos se apoderaron de ti y no tomaste decisiones importantes que podían haber cambiado tu vida para siempre. Y si llegas a muy anciano, las nieblas de la memoria te justificarán, y parecerá que hiciste todo aquello que podías en cada momento. Recuerda que las personas que están a punto de morir pocas veces se arrepienten de lo que hicieron, pero sí de todo aquello que dejaron de hacer.

A casi todo el mundo le sucede lo expuesto anteriormente, pero ¿Existe otra forma de llevar tu propia vida?, o más bien, ¿Existe algún modo de crear una vida única e irrepetible? Los que te rodean te dirán que no, que estamos limitados por demasiados temas, entre ellos nuestra propia sociedad y nuestro nivel económico, y que debemos aceptar nuestros límites. Claro, eso te lo dicen porque ellos ya los han aceptado, y les asustan todas las personas que rompen esos límites.

Has decidido ser emprendedor, perdona, No, te sientes emprendedor hasta la médula, sabes que tu camino es crear tu propio negocio, ser tu jefe, ganar el dinero trabajando en lo que realmente te gusta. Y lo único que piensas es que "si tuvieras más dinero para emprender"...

De nada sirve saber navegar y tener un estupendo velero si no sabes cuál es tu destino. Por eso es imprescindible que antes de embarcarte a emprender medites no sólo tu gran objetivo, sino cómo quieres recorrer ese camino. No te hace falta dinero para soñar y planificar. ¿Quieres ser dueño de una tienda de electrónica? Vale...pero ¿Cómo vas a trabajar en ella?, ¿Cómo quieres que sea tu vida?, ¿Te ves trabajando catorce horas diarias para sacarla adelante?, ¿Existe algún otro camino sin tener que dejarte la vida? Es importante que asumas que ser emprendedor no es crearte un trabajo, sino que es un estilo de vida, que no implica necesariamente estar a pie de cañón trabajando, pero si mucha dedicación y esfuerzo.

Por eso planificarse bien es imprescindible. Y que mejor fecha para hacerlo que a principios de año. ¿Cómo quieres verte dentro de seis meses?, ¿Y de un año?, ¿Y de cinco años? Tienes que poner por escrito que metas quieres alcanzar a corto, a medio y a largo plazo. Son tus propósitos, tus sueños. Capitán, tienes que saber hacia dónde quieres que navegue tu barco, o te hundirás con él en cualquier tormenta navegando sin rumbo.

Tener propósitos y sueños es necesario para crecer. Y tienen que ser ambiciosos. Recuerda que para mejorar hay que hacer muchos cambios y tomar muchas decisiones. Y si esas decisiones y metas no te están dando miedo es que no son lo suficientemente ambiciosas y no sirven para nada. ¿Qué sentido tiene tomar decisiones que te dejen dentro de tu zona de confort? Recuerda que los límites que tienes son aquellos que tú mismo/a creas en tu mente. Vuela, vuela, no existen barreras para aquel que persigue sus sueños.

Si todos los años te planificas bien, creas un buen calendario, y luchas por alcanzarlo, sentirás que realmente estas creciendo como emprendedor. Obviamente no vas a alcanzar todas tus metas, e incluso a lo largo del camino cambies otras, pero lo importante es que estás corriendo y sabes hacia donde, esas las pequeñas metas. Cada vez que alcances una sentirás la satisfacción de haberlo logrado, y tu autoestima se mantendrá alta.

Recuerda el bien más preciado no es un negocio en concreto, sino el propio emprendedor. Teniendo una buena planificación anual y alcanzando metas, lograrás ser cada vez mejor y sobre todo, disfrutar del camino, puesto que lo más importante es ser feliz mientras lo recorres. Crea Tu Futuro. Será duro, muy duro, pero será tuyo. Y empieza hoy.

**10. La función social y ser Feliz, las claves del éxito de tu empresa.**

En este mundo tan materialista y orientado hacia el éxito económico, parece que solo un empresario es valorado si logra ganar muchos millones de euros. Pero recuerda que el dinero no tiene ningún valor real, y que si no sabes gestionarlo, es mucho más peligroso que beneficioso.

Uno de los mayores riesgos a los que se enfrenta un emprendedor es que el negocio vaya muy muy bien, y sea tal el pelotazo que el dinero comience a fluir en gran cantidad, de tal forma, que no podamos controlarlo. Al contrario de lo que piensan algunos, muchas empresas mueren de éxito, debido a que los empresarios no son capaces de controlar el crecimiento y los ingresos desmesurados.

Reflexiona un segundo, ¿Cuál es el motivo real que te ha llevado a emprender? Aunque por tu mente pase la idea de ganar mucho dinero, la pregunta sería ¿Y para qué querrías todo ese dinero? Y si la respuesta es "para no hacer nada", entonces estás abocado al fracaso. Porque un emprendedor de verdad no tiene como fin el ganar dinero, y mucho menos no hacer nada si lo consiguiera. La cabeza de un verdadero emprendedor está llena de cientos de proyectos y sueños, y solo la falta de tiempo y recursos le impiden alcanzarlos.

Casi todas las personas que ganan la lotería o les entra una gran cantidad de dinero de golpe se arruinan, y se quedan peor que como estaban antes ¿Por qué? Obviamente todos tenemos algunos caprichos que nos gustaría darnos, y los que acceden a mucho dinero se dan cuenta que aun así les sobraría un montón, por lo que se meten en una espiral de gasto sin fin y pierden el control de su economía. A ver, si tú ahora mismo no eres capaz de ahorrar, de tener una economía libre de deudas con lo que manejas actualmente ¿Te crees capacitado para manejar millones de euros? Por supuesto que no, es decir, lo peor que te puede ocurrir es tener dinero excesivo en las manos.

¿Cuál es el motivo real que te ha llevado a emprender? Si reflexionas profundamente, solo hay una respuesta al final de todos tus pensamientos, y esa respuesta es Ser Feliz o Hacer Feliz a los Demás. Eso es en realidad lo que todos buscamos en nuestra vida, y por supuesto también con nuestros negocios.

Puesto que es así, debes plantearte desde el inicio que la Felicidad debe ser parte imprescindible de tu personalidad como Emprendedor. Ser empresario es muy duro, tienes que tomar decisiones muy difíciles y soportar golpes que destrozarían a cualquiera. Por ello, no dudes en tener una postura optimista y alegre todas las mañanas, y seguir así todo el día. Que tu imagen ante los demás sea de una buena persona, que no se deja alterar por los problemas, que reflexiona y toma decisiones coherentes.

Para tener éxito de verdad debes orientarte en difundir esa felicidad a los demás, tanto en el interior de tu organización como hacia afuera. Hacia adentro debes crear un adecuado ambiente laboral para que tus trabajadores rindan mejor y sean más felices, y hacia afuera debes volcarte en tus proveedores, y también en tus clientes para que sean más felices y se sientan reconfortados al disfrutar de tus productos y/o servicios.

Y no te tienes que quedar ahí, también debes buscar que tu negocio cumpla con una función social determinada. Desde la fase de planificación asegúrate que tu empresa y que tus productos y/o servicios mejoren la sociedad donde esté situada, que se convierta en un referente de ayuda a los demás. Para ello también debes participar de forma regular en algún acto social de tu localidad, o colaborar de forma desinteresada con alguna organización de ayuda social.

En esta "política" de actuación con respecto al ámbito social, quiero remarcarte la importancia de que tu aportación sea totalmente desinteresada, y que se vea claramente que es así. Te estoy pidiendo que esa ayuda a los demás salga de verdad directamente de tu corazón, que tu alma vibre con tus acciones, que no finjas que eres buen empresario, sino que lo seas. Así será el único modo en que los demás sentirán que tu ayuda es de verdad, y recibirás la mejor recompensa, el agradecimiento sincero.

Así que ya sabes, sé optimista y colabora en mejorar tu comunidad. Arrima el hombro, remángate y dedica parte de tu dinero y esfuerzo a los demás.

Recuerda que el objetivo de tu negocio debe ser hacerte feliz y hacer feliz a los que te rodean. Crea Tu Futuro. Será duro, muy duro, pero será tuyo. Y empieza hoy.

**11. Por tu futuro, por tu sociedad, por tu país, por un mundo mejor.**

Uno de los pecados capitales del empresario parece ser el egoísmo. De hecho, si has tenido éxito no dudes que muchas personas te echen en cara que sólo hayas pensado en ti, que seguro que para llegar tan alto has hecho el mal a muchos, has pisoteado a los demás, seguro has defraudado dinero, has hecho trampas fiscales para pagar de menos.

De hecho, los empresarios/emprendedores somos el mismo Diablo, con rabo y cuernos, o por lo menos eso piensan muchos. Y es que consideran que si te estás enriqueciendo es porque eres un ladrón. Y ni se te ocurra presumir de lo bien que te va todo con una casa o un coche nuevo, porque se lanzarán a tu yugular.

Afortunadamente la realidad empresarial es otra. Si bien es cierto que hay algunos empresarios que no merecen el respeto de la sociedad, puesto que son capaces de hacer cualquier acción, legal o no, con tal de aumentar su poder y su dinero, la mayor parte de los empresarios son personas trabajadoras, muy trabajadoras, y honradas, que solo quieren cumplir con todo lo mejor posible.

Esta atmósfera negativa hacia el éxito de los emprendedores y esa presión social en contra del emprendimiento han disminuido un poco debido a dos factores. El primero fue la llegada de la crisis y la posterior necesidad social y política de apoyar al emprendimiento. La segunda es la admiración hacia jóvenes con talento que han logrado grandes éxitos empresariales en el mundo digital. Y hoy en día cuando te decides a montar una empresa no escuchas las frases del tipo "Te quieres forrar a costa de exprimir a los trabajadores", tan de moda hasta la llegada de la crisis.

La mayor parte de la riqueza y el empleo en este país lo generan las PYMES, es decir, los empresarios/as que con su esfuerzo diario mantienen a flote sus pequeños negocios, muchos de ellos a nivel local,  dando vida y empleo a su propio barrio, creando tejido social y laboral. Y esto no está suficientemente reconocido.

Como emprendedor/empresario tienes que tomar decisiones a diario. Quieres tener éxito, y para ello arriesgas todo lo que eres y lo que tienes para crear y mantener tu negocio. El riesgo es alto, pero lo ignoras, crees en tu sueño de trabajar para ti. Y al mismo tiempo que luchas por ti, necesitas de otros, empresas o personas, a las que pagas o contratas con el fin de alcanzar tu sueño. Y mientras tanto vas invirtiendo dinero en tu sociedad, pagando todas esos impuestos que las administraciones te reclaman, aun incluso antes de haber facturado. Y así, y aunque no seas consciente de ello, estás dándolo todo por mejorar tu barrio, tu sociedad, tu país. Tus impuestos mantendrán con vida un sistema que trata de dar la mejor calidad de vida posible a los ciudadanos. Esa es tu aportación directa.

Mientras tanto, los datos son escalofriantes. La tasa de actividades en negro es abrumadora, gente que trabaja sin cotizar nada y sin generar facturas. La economía sumergida supone el 18% del PIB español, y unos 3 millones de personas que no están registrados legalmente como trabajadores. Mientras tanto, las noticias nos sobresaltan a diario con casos de corrupción en todas las instituciones y todos los partidos políticos. Y la pregunta que te haces inmediatamente es ¿Y yo que puedo hacer? ¿Es que acaso soy responsable de los males de esta sociedad?

La respuesta es que sí, que en parte eres responsable, cada uno de nosotros lo somos. Cada vez que una persona trata de trabajar lo menos posible, "para ir escapando", cada vez que aceptas un trabajo sin facturarlo, cada vez que abusas del sistema en tu propio beneficio, cada vez que presumes que gracias a un "enchufe" lograste un beneficio en detrimento de otros. Piensa en todo esto. Y encima hay empresarios y personas particulares que presumen de ello.

¿Es esta la sociedad que quieres? ¿Quieres vivir en un país donde el que tenga más dinero, más enchufes, o que proteste más, o que vaya de más listo por la vida sea el que mejor le vayan las cosas? ¿O crees en una sociedad que proteja a todos por igual, donde los más débiles y los que cumplan con las leyes obtengan los mayores beneficios, mientras que los listos, enchufados y corruptos no logren sus objetivos?

Si quieres mejorar la sociedad en la que vives junto a tu familia, y que el futuro vaya a mejor, tienes que empezar por ti mismo y los que te rodean. Tienes que fomentar en tu empresa y familia la cultura de honradez e integridad, y la mejor forma de hacerlo es con tus propios actos, y con tu reacción directa ante cualquier comentario o acción que vaya en contra de una sociedad más justa. También podrías no hacer nada al respecto, aprovecharte de las situaciones y amistades, al fin y al cabo "todo el mundo que puede lo hace", y así contribuir a que tu sociedad se vaya degradando un poco más. Pero recuerda la frase de Edmund Burke, escritor irlandés del S. XVIII "Para que triunfe el mal basta con que los hombres de bien no hagan nada"

Por último, no dejes de contribuir a tu sociedad con la participación directa o indirecta de tus negocios en actos sociales y culturales. Contribuye, ayuda a los demás y serás recompensado.

Crea una filosofía de vida y empresarial adecuada, y lograrás ser más feliz y mejorar la sociedad en la que vives. Crea Tu Futuro. Será duro, muy duro, pero será tuyo. Y empieza hoy.

## 12. Sin un duro en el bolsillo es muy fácil fracasar.

En este mundo tan materialista y orientado hacia el éxito económico, parece que solo un empresario es valorado si logra ganar muchos millones de euros. Pero recuerda que el verdadero objetivo de tu negocio debe ser el hacerte feliz, que te sientas pleno, que sientas que estás en el lugar y momento adecuado, y que además estás haciendo feliz a los que te rodean.

Los negocios que se montan con la idea de ganar mucho dinero rara vez tienen éxito, porque están centrados en el rendimiento económico, y no en la ganancia moral. Los números pueden ser mejores o peores, pero si uno está haciendo lo que realmente quiere, el dinero se convierte en algo relativo, en una herramienta necesaria para seguir adelante, pero no en el fin.

Existe la falsa creencia que para montar un negocio exitoso hace falta dinero, mucho dinero. No es cierto. Para tener éxito solo hace falta determinación y trabajo, tener una meta clara e ir hacia ella, sin descanso. Gestionar bien los números para que no estés trabajando sin obtener resultados, e ir reinvirtiendo tu capital en el crecimiento de tu negocio, sin enriquecerte personalmente. Trabajar con honradez y tratando bien a todo el mundo, tomando decisiones que favorezcan a la sociedad y al futuro de tu negocio, ese es el camino. Porque tú tienes claro que tu objetivo no es ganar dinero, es hacer realidad un sueño.

Ser empresario/emprendedor es muy duro y sacrificado, no solo personalmente, sino también financieramente. Tus trabajadores trabajan para cobrar una nómina, que tú tratas de asegurarles cada mes, pero tus ingresos no son seguros. Es más, ellos cobran muchos meses mientras tú te quedas sin dinero, porque lo importante es el negocio.

La mayor parte de los negocios cierran en el primer año de existencia, y sólo un 5% logra sobrevivir 5 años. Por lo tanto, miles de emprendedores cada año tienen que detenerse, destruir su sueño, y sobrevivir sin quedar demasiado endeudados. ¿Por qué es tan alta la tasa de fracaso? Son muchos los factores que influyen, pero haré hincapié en la falta de liquidez.

Si un emprendedor/empresario monta un negocio es porque tiene dinero para hacerlo. Ha hecho una previsión de gastos y ganancias para saber cuándo amortizará las inversiones y comenzará a ganar dinero. Por supuesto que el papel aguanta lo que sea, y la realidad se impone destruyendo las previsiones más optimistas.

Una contabilidad bien llevada, con los apuntes al día y con un equilibrado balance entre ingresos y gastos, es la mayor garantía de que el negocio se estabilice. Es imprescindible llevar una previsión de gastos e impuestos anual y trimestral, para poder asegurar que habrá dinero para cubrir, y un margen para imprevistos.

Muchas empresas fracasan no por falta de ventas, ni por falta de material inventariado, ni por falta de personal, ni por desabastecimiento. La falta de liquidez es el principal problema que paraliza una empresa, y la puede llevar a la quiebra a pesar de tener mucho dinero en inmovilizado.

¿Qué ocurre cuando no tienes dinero en efectivo? Que te metes en una espiral de endeudamiento. Todo comienza cuando necesitas dinero, a veces cantidades pequeñas, para cubrir necesidades diarias que ahora no puedes pagar. Puedes ir escapando, porque vas demorando determinados gastos, los dejas para final de mes, y no ocurre nada. Pero claro, hay otros gastos que no puedes aplazar, así que usas dinero de otras partidas para pagar gastos corrientes o extraordinarios, y vas dejando otras compras pendientes. Cuando por fin cobras una factura y te entra efectivo, inmediatamente lo divides para cubrir los agujeros que has creado, pero claro, no da para cubrirlos todos. Y como tu negocio necesita dinero, tiras de tu cuenta personal, de tu tarjeta, de tus ahorros, de tu familia, para seguir cubriendo gastos. Pero no da, y llega final de mes y no puedes pagar. Y toda esa bola de endeudamiento sigue creciendo. Llega un momento que no tienes dinero ni siquiera para cubrir los gastos básicos, como electricidad y teléfono, y llegan los primeros avisos de corte.

Cuando llegas a esta situación, tú eliges seguir adelante, porque crees en el negocio y sabes que las crisis son pasajeras. Y entonces es cuando cometes el siguiente error, que es pedir dinero prestado. Ya sea usando una tarjeta de crédito, pidiendo un préstamo a un banco, a un familiar, o a una financiera, pronto recibes ese dinero que tanto necesitabas...pero... ¿A qué precio? Pedir dinero es siempre un error, y solo queda justificado si lo necesitas para crecer, no para salir de un agujero. Ahora, tratando de sobrevivir, endeudarte más es la peor solución posible, porque te lleva a no poder pagar tampoco esa deuda, y seguir dentro de la espiral de endeudamiento hasta que tu empresa y tú os hundís.

La solución a esta caída libre comienza con una buena previsión de gastos, una estructura lo más sencilla y escalable posible, y reinvertir los beneficios en la empresa y en un fondo de reserva. Así, cuando las cosas comiencen a ir mal, la solución no es endeudarse, sino pasa por reducir la empresa, eliminar gastos, y tirar de los fondos propios, buscando ideas originales para hacer todo con poco dinero. Además, la pregunta clave es ¿Cómo puedo hacer para incrementar mis ingresos? Nos centramos en el problema y no en la solución, la solución es facturar más cada mes.

Así que ya sabes, consolida tu empresa poco a poco, teniendo siempre dinero en efectivo. Crea Tu Futuro. Será duro, muy duro, pero será tuyo. Y empieza hoy.

### 13. Empatía y Asertividad, las dos caras fundamentales del emprendedor.

Un/a emprendedor/a está obligado a relacionarse continuamente con otras personas, le guste o no. De hecho, podemos considerar las relaciones personales como la base del éxito de cualquier proyecto.

Cada persona posee unas cualidades innatas. Todos y cada uno de nosotros poseemos una serie de fortalezas y también debilidades, ya sea por genética, o por la familia y cultura en la que nos criamos. Ambas son las que definen nuestra personalidad, y también como nos relacionamos con los demás. Somos muy influenciables en las primeras etapas de nueva vida, ya sea en aspectos positivos o negativos, y somos capaces de desarrollar estrategias de defensa incorrectas como respuesta a las amenazas que sufrimos de niños. Simplemente porque nadie nos enseña a manejar nuestras emociones en esas edades.

A medida que crecemos esas cualidades se convierten en nuestras gafas, y con ellas vemos el mundo que nos rodea e interactuamos con él. Si de pequeños adquirimos, por ejemplo, miedo a los animales, nuestro mundo girará siempre huyendo de ellos y también dejando de lado todas las actividades que tengan alguna relación. Y así, aunque en nuestra ciudad podríamos desarrollar un proyecto relacionado con mascotas, jamás lo haremos aunque sea una magnífica oportunidad de negocio. Nuestras creencias, los miedos, los hábitos, nuestra visión del mundo, todos ellos nos limitan, nos encasillan, nos maltratan de tal forma que hunden nuestra autoestima, y también la capacidad para relacionarnos con el mundo, especialmente con las otras personas. Y así nos convertimos en burros con orejeras, donde el único mundo posible es el nuestro, y no aceptamos la visión de los demás.

Lo siguiente que nos define como emprendedores son los hábitos técnicos. Esa serie de habilidades que podemos aprender del mundo que nos rodea, y que nos ayudan a afrontar las situaciones y a relacionarnos con los demás. Podemos aprenderlos por formación reglada o también por experiencia. Entre ellos están la capacidad de dirigir personas, realizar planificación estratégica, dirigir una organización, generar proyectos vendibles, gestión financiera, desarrollar una estrategia comercial, etc.

Y por último, son las metahabilidades las que nos definen como emprendedores. Es decir, esas habilidades personales que proyectadas al mundo empresarial nos dan una ventaja sobre los demás. Ejemplos de ellas son saber relacionarse con otras personas, hablar bien en público, no tener vergüenza ni miedo, tener mente matemática, recordar caras y nombres, ser ordenado, saber vestir para cada ocasión, hablar por teléfono, saber planificarte, hablar idiomas, manejar las herramientas informáticas, etc. Poseerlas marca la diferencia entre que tu negocio y tú como emprendedor avancen, o que ambos queden estancados para siempre.

Dentro de estas habilidades quiero destacar la empatía y la asertividad, y ambas a la vez porque van de la mano. Nos miramos tanto el ombligo, nos creemos tan buenos, que nos olvidamos que los demás son importantes, y renunciamos a relacionarnos bien con ellos, lo cual es desastroso para nosotros como personas y como empresarios. Las relaciones personales y profesionales se resienten y rompen por falta de comunicación.

La empatía es la capacidad de saber escuchar y ponerse en el lugar del otro. Es la habilidad de saber recibir los sentimientos y preocupaciones de los demás, hacer sentir al otro que está siendo comprendido y escuchado activamente, sin necesidad de que tú emitas un juicio ni una solución, que además esa persona no está buscando. Si eres empático no solo escucharás y entenderás al otro, sino que no te sentirás ni atacado ni ofendido por lo que te digan, no saltarás cuando comenten algo que no te gusta, sino que comprenderás que lo único que está haciendo la otra persona es descargarse para poder sentirse mejor. Y tú la ayudas a ello con frases como "te entiendo", "creo saber cómo te sientes", "comprendo tu problema", etc. Cuando haces esto, tanto desde el punto de vista personal como profesional, sientes como la otra parte se siente reconfortada por ti, ayudada, y entonces se estrechará el vínculo que les une, reforzándose la relación personal/profesional con ese cliente o proveedor, trabajador, etc. Hay personas que son empáticas por naturaleza, pero si tú no lo eres, tienes que trabajar muy duro para mejorar este aspecto de tu personalidad.

La asertividad es la capacidad de expresarte a los demás de forma adecuada, en el momento correcto, en el lugar adecuado. Si eres asertivo plantearás tus ideas con seguridad y confianza, pero sin agresividad. Evitarás utilizar un lenguaje que sabes hiere a la otra persona, porque tu objetivo será comunicar, no dañar. Esta habilidad te permitirá ser escuchado, y cada vez mejor, y que tus razonamientos sean tenidos en cuenta. Cometemos el error de querer tener razón, sin darnos cuenta que lo importante no es estar en lo correcto, sino en que haya una buena comunicación y por tanto una buena relación entre ambos. Y aprenderás a callar cuando sea necesario, aunque te dé la sensación de que has perdido, porque la comunicación no puede ser una guerra en que hay un solo ganador, sino un camino para mejorar las relaciones. Recuerda que "eres libre de tus silencios, y esclavo de tus palabras".

Lo mejor de la empatía y la asertividad es que irás creando relaciones personales y profesionales que se fortalecerán día a día, y no se romperán por discusiones ni malos entendidos momentáneos. Si no las desarrollas vivirás continuamente en una guerra con los demás, en la que el objetivo será ganar cada encuentro, y de esta forma perderás relacionarte profundamente, y solo te ganarás enemigos.

Empodérate con la empatía y la asertividad, y tendrás relaciones duraderas y prósperas. Crea Tu Futuro. Será duro, muy duro, pero será tuyo. Y empieza hoy.

## 14. No tomar una decisión, es tomarla. No te quedes a medias.

Un emprendedor/a se enfrenta todos los días a muchas decisiones, tanto en el ámbito personal como profesional. Es imposible separar la vida personal de la profesional, porque ambas interactúan. No puedes llevar dos agendas diferentes, porque tú eres una única persona y, hasta que se demuestre lo contrario, el don de la ubicuidad no existe.

La riqueza de la vida no se mide por dinero, ni por salud, ni por amigos ni familia. Lo único que se va agotando, y que nunca podrás reponer es tu tiempo de vida. Ya nos los dice José Mujica, Ex Presidente de Uruguay, "nos dejamos comprar por el mercado, y no nos damos cuenta que lo único que no podemos comprar es tiempo, nuestro tiempo de vida". Por ello, cada vez que decides reunirte con alguien profesionalmente, o hacer algo en concreto, estás invirtiendo lo más preciado que tienes, tu vida. Y cuando compras algo, realmente su valor no es el dinero que te costó, sino el tiempo de vida que perdiste en ganar ese dinero. Si piensas así, quizás reflexiones mejor antes de afrontar reuniones inútiles y gastos superfluos.

Como no puedes separar tu vida personal de la profesional, continuamente vas a tener que decidir, o estoy trabajando, o estoy con mi familia y amigos. En realidad no tienes que elegir, debes planificarte para que ambas vayan bien. La mayor parte de los emprendedores, cuando inician un negocio, dejan de lado la familia y los amigos para concentrarse en sacar adelante el proyecto. Y es verdad que al inicio es necesario un gran esfuerzo para empezar. Pero también es cierto que nunca debes dejar de lado tu vida personal por el negocio, porque la pierdes. La mayoría de los emprendedores se meten en una rueda de trabajo infinito, que les obliga a dejar de lado por siempre su vida personal. De hecho, se sienten felices trabajando a destajo, y quedando con muchas personas para hablar temas muy importantes. Pero claro, mientras esto sucede, la vida personal se va deteriorando, y vas perdiendo lo más importante de esta vida, que es ser Feliz con las personas que comparten tu camino vital. Y así, al cabo de cinco años, tanto si el negocio va bien como si no, te das cuenta que has perdido el compartir tu vida con tus amigos, con tus hijos, con tu pareja, con tu familia; te puede suceder que pierdas definitivamente la relación con todos ellos, y te quedes solo.

Un emprendedor/a debe asumir desde el principio que va a estar solo/a. La soledad te acompaña siempre, porque nadie siente el proyecto como tú, nadie se implica como tú, y nadie te entiende. Pero precisamente por esto no tienes tú que quedarte todavía más solo dejando de lado a los que más te quieren.

La soledad te obliga a tener que tomar las decisiones por ti mismo/a. Muchos podrán opinar, criticar, alabar, pero es sólo tu responsabilidad la que vale. Continuamente vas a tomar decisiones, y algunas de ellas ni siquiera serías capaz de razonarlas ni explicar con coherencia porque lo has decidido así. No importa. Recuerda que nunca vas a tener toda la información exacta y precisa para tomar las decisiones acertadas. Te la vas a tener que jugar continuamente. Es lo que yo denomino "dar pequeños saltos de Fe", es decir, tomar decisiones que, sin poner en riesgo la integridad del negocio o la tuya, supongan un pequeño salto al vacío. Sólo así lograrás avanzar y consolidar tu proyecto. Si por miedo decides quedarte cómo estás, y no tomas decisiones que te lancen hacia lo desconocido, estarás estancándote y al final tú y tu proyecto fracasará por no estar en movimiento. Recuerda que el mundo empresarial está en continuo cambio, y solo si tú también vas cambiando lograrás el éxito. De cada diez que tomes, quizás solo aciertes una, pero esa valdrá la pena.

Tomar decisiones es difícil, sobre todo si afectan de forma importante a tu vida personal o profesional. Y además no tendrás la seguridad que esa decisión sea para mejor. Pero si el alma y el cuerpo te piden un cambio, no lo dudes, da ese salto de Fe. Recuerda que no tomar una decisión es también tomarla. Si sigues relacionándote al 100% con ese cliente o ese proveedor, a pesar de que no te gusta la relación, estarás perdiendo lo más importante que tienes, tu tiempo de vida en una relación que no avanza o es negativa para ambos. Recuerda que los únicos acuerdos posibles son los de "yo gano – tú ganas". Muchas veces aguantamos malas relaciones hasta que todo estalla, destruyendo a todos/as. Por ello si algo no te gusta cámbialo, pero piensa bien cómo hacerlo. Planifícalo, háblalo, y trata de llegar a acuerdos de cómo va a ser la relación posterior. Quizás no sea necesario cortar con ese cliente o proveedor de cuajo y no relacionarte nunca más con él. Quizás puedas llegar a un acuerdo que sea satisfactorio para todos/as. O quizás lo mejor sea olvidarlo, todo depende de lo que sea más satisfactorio para ambos

Una vez tomada una decisión, surgirán consecuencias buenas y malas, consecuencias que esperabas y otras que aparecen sin tu saberlo. Acéptalas todas, asúmelas, y trabájalas para que sean lo más beneficiosas posibles para ti y tu proyecto. No dudes en mantenerte firme si así lo consideras, y también no dudes en dar un paso atrás si crees que has ido demasiado lejos, y necesitas retomar un acuerdo.

No importa que dudes, que no lo tengas claro, lo importante es que tomes decisiones, porque así logras el objetivo, Crea tu Futuro. Será duro, muy duro, pero será tuyo. Y empieza hoy.

## 15. ¡¡¡Ilusiónate cada día como si fuera el primero!!!

Los emprendedores y emprendedoras son personas extraordinarias. Tienen futuro. Y lo tienen porque un sueño lo transforman en una meta, y esa meta la alcanzan a base de planificar y trabajar muy duro en esa dirección.

Pero lo más importante no es la meta, sino el camino. Un emprendedor/a tiene que vivir y disfrutar trabajando para él/ella mismo/a. No se trata de llegar a ningún lado. Ser emprendedor no es un trabajo, es un Estilo de Vida.

Es verdad que todo comienza con un sueño. Y para sacar adelante un negocio y que tenga éxito es imprescindible estar enamorado de lo que uno hace. Porque si montas un negocio con la finalidad de tener un autoempleo y pagar tus facturas, vas por mal camino. Porque si montas un negocio con el único objetivo de ganar dinero cueste lo que cueste, sacrificando tu vida personal y tu salud, vas por el mal camino. Y vas mal porque no tendrás el arma que es capaz de mantener tu autoestima alta cuando todo parezca ir mal. Esa arma es la ilusión.

Ser empresario es estar ilusionado con lo que se hace. Se disfruta cada mañana, por muy estresado que esté uno, y además en todo momento piensas que estás haciendo lo correcto. Sí, lo fácil hubiera sido buscarte un trabajo de cualquier cosa, un trabajo fijo con el que pagar las facturas, y tener una vida perfectamente organizada en que todo cuadrara. Y ahora te ves, a lo mejor sin un duro en el bolsillo, y sientes que estás en el lugar correcto, haciendo lo que tu alma te pide hacer. Esa satisfacción no se paga con nada.

Pero elegiste otro camino. Decidiste apostar, sí, apostar, arriesgar tu futuro por tu sueño. Y sabes que el 95% de los emprendedores fracasan en sus intentos de crear su negocio. Y además ese camino está lleno de incertidumbre, y de palos. Desde el principio solo has recibido golpes por todos lados, es como si hubiera una energía negativa que se opusiera a todos tus proyectos Cada vez que te mueves en un sentido te encuentras la oposición de todo el universo que trata de detenerte, todo son quejas e impedimentos, tanto físicos, psíquicos como burocráticos.

A ti te da igual lo que ocurra alrededor, o eso aparentas. Haces oídos sordos a todos/as los que te dicen que tu negocio no es posible, que no lo vas a lograr. Aunque la realidad es que tienes una autoestima frágil, sobre pies de barro, porque la incertidumbre es tan alta que muchas veces dudas hasta de ti mismo/a. Y por eso muchos comentarios o hechos negativos se convierten en torpedos que impactan directamente en tu línea de flotación, te los tomas en serio y desestabilizan tu flotabilidad, sintiendo cómo estás más hundido de lo que creías, son como golpes de realidad que te destrozan. Pero no te dejes engañar, no se trata de elementos objetivos, sino muy subjetivos y negativos, pero que influyen mucho en ti. Por eso es imprescindible que protejas tu autoestima, tienes que rodearla con una coraza impenetrable, aunque algo artificial, la ilusión.

Recuerda cuando iniciaste el proyecto. Estabas completamente enamorado de él, completamente ilusionado, completamente ciego. Por eso eras tan peligroso. Eras una bomba a punto de auto explotarse. Y si tuviste dinero para montar tu negocio, todavía fuiste más peligroso, con los pies más cerca del fracaso. ¿Por qué? Porque al estar cargado de optimismo e ilusión lo que estabas era tan ciego que no sólo no veías la realidad, sino que minimizaste los riesgos y los límites, tanto personales como del negocio.

Y por eso trabajaste sin descanso, sin mirar horario, sin escatimar en gastos, sin pensar si era posible o no, solo avanzabas, a cualquier precio. Y el precio lo pagaste, eso seguro. Calculaste tan mal que un día tu cuerpo te pasó la factura, o dejaste amigos o familiares por el camino, o se te acabó el dinero y te fallaron las cuentas, o los supuestos beneficios no solo no llegaron, sino que te llenaste de deudas y tu negocio se bloqueó, o incluso quebró. Y te derrumbaste, porque consideraste injusto que una persona que lo ha dado todo por su negocio pueda perder tanto.

Por eso es tan importante la ilusión. ¡Ilusiónate! ¡Sé optimista! Disfruta cada día de ser emprendedor, de trabajar duro para sacar adelante tu negocio. Pero tiene que ser una ilusión global, por tu vida en general, por ese camino mortal que estás recorriendo, y que un día se acabará. Y por eso tienes que estar ilusionado con tu proyecto, pero también con tu familia, tus amigos, tu tiempo libre.

Ilusiónate cada día como si fueras un niño. Asómbrate de cada hecho que sucede. Si te has levantado temprano para trabajar para ti, detente un segundo con una taza en la mano para ver el amanecer. Si estás a tope y ves un paisaje precioso, detente y sácale fotos. Si estás en una cola de un banco, no pierdas la oportunidad de hablar con cualquiera y prestarle atención de verdad, disfruta de la experiencia de conocer personas nuevas y llenarte con sus vivencias. Ilusiónate cada vez que contrates a un trabajador. Ilusiónate cada vez que crees un nuevo producto o servicio. Ilusiónate cada vez que veas entrar al próximo cliente. Y si quieres adquirir algo nuevo para tu empresa, búscalo con cariño e ilusiónate cuando lo vayas a usar, siéntete un niño con un juguete nuevo. Ilusiónate con todo.

Vive, vive de verdad, vive ilusionado con el camino que has escogido, y disfruta de él. No hay nada que te acerque más al éxito que trasmitir energía positiva y convertirte en un foco deslumbrante de positivismo. Verás cómo todo a tu alrededor se transforma, e incluso las personas que te rodean se contagiarán de tu ilusión y optimismo. Y ya no será tan importante cuánto dinero ganes, porque estarás viviendo la vida que has escogido.

Ilusiónate y Crea tu futuro. Será duro, muy duro, pero será tuyo. Y empieza hoy.

## 16. La Paciencia es la madre de todas las Ciencias.

Cuando un/a emprendedor/a decide dar el salto de Fe y convertirse en empresario, es increíble cómo el mundo se pone en su contra. Cuanto más trata de avanzar, mayores son las dificultades. Si una persona decide ser empleada, parece que todo va a su favor, y si su empleador es cumplidor, el papeleo está solucionado en pocos días.

Pero si tratas de abrir tu propio negocio todas las fuerzas humanas y divinas parecen confabularse para destruirte. Muchos meses antes de abrir, cuando empiezas con el papeleo, te das cuenta que el camino no será fácil. Son cientos de pequeños detalles que se van trabando, y que están encadenados, de forma que si no resuelves el primero ni siquiera puedes ir adelantando con los demás. Y te cabreas, pero miras hacia adelante, y te dices que nada va a impedir seguir.

Pero te sientes estancado, detenido por las circunstancias. No avanzas. Que si por ti fuera ya esa gestión estaría realizada. Y no puedes hacer nada, solo esperar. Y la espera es desesperante. Deseas que suene el teléfono y que alguien te diga que ya está, que ya has cumplido y tienes ese permiso que necesitas. Te invaden unas ganas enormes de abrir el negocio sin tenerlo todo en regla. Total, todo el mundo lo hace, ¿Por qué yo no? Pero tu otro yo te dice que no, que basta que lo hagas tú para que alguien te denuncie y te cierren el negocio por muchos meses, además de pagar una multa. Y por eso esperas, y esperas, y esperas.

Mientras tanto tus recursos económicos van menguando, y ves cómo, sin todavía poder facturar, los gastos suben cada día comiéndose todo ese dinero, toda esa reserva tan enorme que te parecía al principio.

¡Qué ilusionante es poder montar un negocio teniendo dinero para hacerlo! La sensación de plenitud, de libertad, es maravillosa. Pero desgraciadamente el factor tiempo siempre juega en nuestra contra, y cada día que no vendemos estamos gastando un montón de dinero. Y por muy alto que haya sido nuestro capital inicial, la lentitud en la burocracia y otros problemas es capaz de arruinarnos antes incluso de empezar.

Cualquier previsión en tiempo y en capital se nos queda corta desde el inicio. Si queríamos abrir en un mes determinado, veremos cómo esa fecha se acerca, llega, y la pasas sin haber podido poner en funcionamiento tu sueño. Lo mismo ocurre con el dinero. Da lo mismo con la cantidad que hayas partido, todos los días surgen gastos inesperados que suponen un descoloque de tu planificación.

Son muchos los/las emprendedores/as que no soportan la presión que esta realidad supone. No importa el sueño que tengas, no lo vas a conseguir en el tiempo que tú esperar ni al coste previamente planificado. Te das cuenta que el plan de empresa que tanto te costó montar no sirve de nada, es papel mojado.

Y cuando por fin logras todo lo necesario para abrir las puertas, nuevos problemas tocan a tu puerta: falta de clientes, impuestos inesperados, proveedores que no cumplen, humedades en el techo, etc. Y no hay nada que puedas hacer para evitar la aparición de nuevas trabas. Tan solo ir resolviendo lo más rápidamente que puedas cada una de ellas.

El artículo que hoy lees surge porque hace unos días le pregunté a una joven empresaria, a la que mentorizo, cuál sería el consejo más importante que le daría a los nuevos emprendedores. No lo dudó un segundo. "Le diría dos cosas", me dijo, "La primera, que tengan paciencia infinita. Nada sale a la primera. Es una lucha constante". Ella es una demostración clara de ello. "La segunda, que no se ponga los objetivos tan ambiciosos, tan altos que sean inalcanzables, porque eso frustra y agota"

Paciencia infinita. Caminar todos los días un paso, con calma y determinación. Y aunque nieve o granice, seguir adelante, aunque sientas que estás retrocediendo. Hay que convertirse en agua de mar, batiendo sin descanso contra la dura roca. Es el agua quién termina modelando y rompiendo la roca, en un trabajo constante y lento, que a primera vista parece no tener resultado.

Paciencia infinita, caminando lento pero con la vista bien alta puesta en unos objetivos que, aunque lejanos, sean viables. Tienen que ser alcanzables en un plazo razonable de tiempo. Pequeñas metas que vamos logrando, y que nos van reforzando positivamente. Nos ayudan a sentir que vamos por el camino correcto.

Recuerda, aunque el Universo parezca haberse aliado en nuestra contra, sólo tú sabes que eres agua, llena de paciencia infinita, y con un objetivo claro, ser Feliz recorriendo el camino de tu vida como emprendedor.

Con Paciencia Infinita y objetivos alcanzables, no lo dudes, Crea tu Futuro. Será duro, muy duro, pero será tuyo. Y empieza hoy.

### 17. Superempresarios: no tratéis de controlar el mundo o el estrés os matará.

Los empresarios y empresarias son personas extraordinarias. Porque saben cuál es su destino. La mayor parte de las personas en edad de trabajar no saben muy bien lo que quieren hacer con su vida, ni hacia dónde dirigirla. Quizás tengan un trabajo, pero están en él porque no hay otra cosa, porque tienen un horario cómodo, unas buenas vacaciones, o porque cobran a final de mes. No se plantean ninguna meta, como mucho quedarse donde están. Se vuelven conformistas, y pasan el resto de su vida lamentándose porque no llegaron nunca más allá. Tuvieron sueños, sí, pero quedaron olvidados y descartados. Sueñan con jubilarse, y a medida que va llegando ese momento se sienten más felices, por fin van a descansar. Y al final de la vida laboral se quedan cobrando una mísera pensión que no compensa tantos años de sufrimiento y sacrificio en un trabajo en el que a lo mejor estaban cómodos, pero que no llenó sus vidas. Por supuesto que se sienten orgullosos de haber dado sus mejores años a la empresa X, de la que ya se sienten parte, aunque en realidad sea solo un proceso de auto convencimiento de que hicieron lo correcto, porque vida sólo hay una, y necesitan justificarse.

Sin embargo los empresarios son hombres y mujeres con visión de futuro. No sólo es que quieran llegar a lo más alto, es que son capaces de lanzarse a la piscina e intentarlo, una y otra vez, aunque fracasen. Ser emprendedor no es un empleo, es una forma de vida. Por supuesto que buscan el éxito, pero son inconformistas. Luchan diariamente por mejorar su negocio, sus productos, sus servicios, su publicidad, sus relaciones, disfrutando de la sensación de sentirse su propio jefe, dominando su futuro. Tratan de hacer realidad sus sueños, pero se estallan contra la cruda realidad, que les pone la pata encima una y otra vez, sin apenas dejarles respirar. Pero siguen adelante, porque saben que es el único camino posible. No piensan en el horario, ni en el sueldo, ni en tener vacaciones. En su cabeza no entra la palabra jubilación, ni piensan en cobrar una pensión. Se ven de mayores disfrutando de su triunfo, pero siguiendo trabajando en él, activos hasta el día que pongan un pie en la tumba. Pero muchos no alcanzan su objetivo, sus negocios y su plan de vida salen mal, y terminan arruinados o trabajando en puestos y por salarios muy inferiores a los que merecen. Muchas veces se quedan estancados en un negocio poco productivo que lo único que les da es un mísero sueldo trabajando todo el día. Aun así, saben que han hecho lo correcto, porque luchar por tu sueño es el único camino posible. Y si logran su objetivo, algún día se verán limitados por ese cuerpo que tanto han machacado, de forma que tiene que abandonar o delegar en otras personas esa empresa que con tanto sufrimiento han mantenido, y quizás para ver cómo quién coge el relevo destruye rápidamente lo que tanto costó levantar.

Los emprendedores tenemos una alta autoestima, que es lo único que nos permite seguir adelante le pese a quien le pese. Y nos gusta que todo se haga según el plan que tenemos en nuestra cabeza. Nos cuesta aceptar sugerencias tanto de externos como de empleados, y solo introducimos los cambios que nosotros consideramos correctos. Llevado al extremo nos volvemos soberbios, controladores, manipuladores, obsesivos compulsivos de un negocio en que las cosas se hacen así "porque lo digo yo". Queremos tenerlo todo bajo nuestro control, y nada se puede hacer sin previa supervisión. Y es por esto que los negocios se atascan y fracasan. Porque un negocio es mucho más amplio y complicado que una sola persona.

Sacar adelante un negocio tratando de controlarlo todo sólo lleva al estrés y al desgaste del emprendedor. A la larga, la empresa se ve limitada y resentida por ese afán. Con el estrés llegan los nervios, las equivocaciones, el tratar mal a trabajadores, proveedores y clientes, el desgaste personal. Porque la realidad se impone, y no se puede controlar, por mucho que queramos. Con quienes nos relacionamos son personas, cada una con su carácter, con sus limitaciones y sus miedos, con sus errores no intencionados y con sus acciones intencionadas. La economía fluctúa, los precios varían, el mundo vive en una vorágine continua que es imposible controlar. Por ello, por no saber relajarse y aprender a nadar en el mar embravecido de la empresa, muchos empresarios terminan destruidos, tanto física, mental como económicamente.

Cuando las cosas van mal, este tipo de empresarios se hacen la pregunta ¿Por Qué?... ¿Por qué a mí precisamente? ¿Qué he hecho yo...? etc. Le dan miles de vueltas a la cabeza al mismo problema, y se meten en un bucle del que no saben salir, perdiendo tiempo y energías en buscar los orígenes de algo que ya tiene consecuencias. Este camino erróneo solo lleva a su propia destrucción y hundimiento. Pensemos en un náufrago en medio del océano. Podría gastar toda su energía en pensar el por qué se hundió su barco, o en tratar de luchar contra el oleaje y la corriente, pero todos sabemos que lo que tiene que hacer es relajarse y dejarse llevar por el mar embravecido, porque el objetivo es mantenerse a flote y sobrevivir el mayor tiempo posible, hasta que las circunstancias mejoren. Pues es así como tenemos que pensar cuando nos veamos en graves problemas, simplemente seguir adelante, porque todo pasa y donde no vemos una solución hoy, hay que estar seguro que el sol saldrá mañana igual de brillante. Tomando pequeñas decisiones correctas, con tranquilidad, sin tratar de solucionarlo todo de golpe.

Recuerda que el objetivo es que tengas éxito como emprendedor, y eso nada lo puede destruir. Es un proyecto de vida, no un empleo por unos años. Así que no te autodestruyas. Cuida tu cuerpo y tu mente, toma decisiones coherentes con tranquilidad, y deja que el oleaje de la vida te sacuda, aprovecha ese vaivén a tu favor, recuerda que cada problema es sólo un aprendizaje que te permitirá crecer si tienes los ojos abiertos para aprender la lección. Mucha suerte en este mar tormentoso, y recuerda que no se trata solo de saber navegar bien, sino de conocer cuál es tu destino e ir hacia él, aunque sea dando un buen rodeo lleno de altibajos.

## 18. No te hace falta máscara para ser un verdadero profesional.

Cuando se acercan los carnavales todos pensamos en cómo disfrazarnos, en cómo adoptar una vestimenta y un comportamiento que no son los nuestros con tal de aparentar ser un determinado personaje. Y disfrutamos actuando con nuestro disfraz.

En la vida personal también tenemos varias "personalidades": no nos comportamos igual con nuestros padres que con nuestros hijos, ni con nuestro jefe ni con nuestros amigos. Para cada una de las personas adoptamos un roll diferente. Es como si tuviéramos varias máscaras que vamos intercambiando a medida que nos encontramos con diferentes personas.

Como seres humanos tenemos unas cualidades, unas fortalezas y debilidades, que obviamente nos acompañan cuando nos convertimos en emprendedores y ponemos en marcha nuestros proyectos.

Si lo pensamos bien, cada mañana nosotros nos colocamos las diferentes máscaras a medida que avanza el día, adoptamos los roles que en cada momento debemos tener, y así logramos relacionarnos.

Por ello, si somos tímidos e introvertidos, no vamos a poder evitar ser tímidos e introvertidos en nuestras relaciones profesionales, lo cual no nos va a beneficiar. Y aunque tratemos de aparentar ser extrovertidos, se nos va a notar al kilómetro que estamos fingiendo. Esta falsedad se nota claramente por ejemplo con la amabilidad. Quien no es amable de verdad, por más que sonría y hable sonriendo, no logrará llegar bien a su interlocutor, qué pensará todo el tiempo que esta persona está fingiendo.

¿Entonces, cuál es la solución? ¿Nos ponemos una careta que aunque falsa tenga todas las características que se supone debemos tener como emprendedores, o no nos ponemos careta y somos nosotros mismos, llenos de defectos que afectaran a nuestras relaciones profesionales y personales?

Hay muchas personas que viven en una continua mentira, sobre todo si están en un determinado ambiente laboral, o si necesitan estar en un alto nivel social y/o económico. Y así, día a día, aparentan ser ante los demás unas personas que en realidad no son, y posiblemente ni quieran ser, pero piensan que no les queda más remedio para mantener las relaciones profesionales/personales adecuadas. Y así, gastan en lo que hay que gastar para estar en el élite, aprenden lo que se supone deben saber ese tipo de personas (vinos, golf o pádel, yates, viajes, restaurantes de lujo, etc.), asisten a los actos que se supone deben acudir, y ponen énfasis en relacionarse sólo con un tipo de personas. Al final lo que ocurre es que van perdiendo otro tipo de relaciones más naturales, y quedan rodeados sólo por personas que viven también en una continua mentira. Personas que en cuanto tú pierdas tu estatus, te dejarán de lado, desaparecerás de sus relaciones. Supongo que tú no querrás esto para tu vida.

¿Qué hacer entonces? ¿Disimular?, ¿Ponernos una máscara todos los días?, ¿Ser nosotros mismos sin las habilidades necesarias para emprender adecuadamente, y fracasar?

A corto plazo todos podemos ponernos una máscara, y disimular ser quién no somos en realidad. Quizás hasta nos salga bien, y logremos engañar a los demás durante un tiempo. Pero ponernos esa máscara tiene dos problemas: primero, en cualquier momento se nos caerá y descubrirán quién somos de verdad; y segundo, disimular por mucho tiempo va creándonos un desequilibrio y un estrés permanente que nos irá dañando, hasta destrozarnos por dentro. Todos los días saltando de una identidad a otra nos irá quemando. Y en el peor de los casos un día ya no nos podremos librar de esa falsa identidad, y nos convertiremos definitivamente en ese monstruo que nosotros mismos creamos un día.

La solución está en conocerse a uno mismo muy bien, nuestras ventajas, y nuestros defectos. Una vez hecho esto, el segundo paso es potenciar al máximo esas habilidades que nos ayudan en los negocios: hablar en público, negociar, hacer informes precisos, gestionar cuentas, usar la empatía y el respeto en las relaciones, saber estar en cada ocasión, aprovechar las oportunidades, no ser tímido, ni grosero, ni prepotente, ni callado, etc…

Los defectos los podemos minimizar, pero difícilmente eliminar, por lo tanto hay que aprender a convivir con ellos. Que somos meticulosos, pues utilizarlo al revisar un balance; que somos groseros, pues usarlo en negociaciones con verdaderos tiburones; que somos espontáneos, pues aprovecharlo para conocer personas en una reunión, etc…

En definitiva, no te pongas ninguna máscara, no trates de falsear quien eres. Precisamente quien eres es la parte más importante de tus negocios, porque sólo tú puedes darle ese toque especial que los hace únicos. Así que fórmate, poténciate, empodérate….y cómete el mundo. Crea Tu Futuro. Será duro, muy duro, pero será tuyo. Y empieza hoy.

## 19. Es imposible quedar siempre bien con todo el mundo.

Trato al cliente. Una de las asignaturas pendientes de nuestros empresarios/as. Siendo uno de los pilares básicos de todo negocio es, sin embargo, uno de los aspectos más descuidado.

Obviamente para poder tener un negocio hay que poder ofrecer un producto o servicio. El objetivo de todo proyecto debe ser la entrada de capital debido a las ventas de lo que ofrecemos.

Los pequeños empresarios/as se preocupan mucho porque el producto/servicio sea de calidad, sea diferente,  pues saben que si no hay ventas el negocio no funciona. Demasiados gastos hay que pagar mensualmente, lo que obliga a tener que vender con éxito para asegurarse la entrada de dinero suficiente. Así que se concentran en crear algo lo mejor posible, le dedican esfuerzo y dedicación, porque piensan que si tienen un buen producto se venderá prácticamente solo. Gran error.

El éxito de un negocio no depende de la calidad de sus productos/servicios, sino de las ventas efectivas realizadas. Y esto se basa en tres factores: del producto, de cómo se venda, y de cómo sea el cliente.

En realidad como sea el producto no es lo más importante, aunque en principio podría parecer lo contrario. Basta con que haya una buena campaña de marketing y se ponga de moda para que la mayor chorrada se venda por cientos de miles de unidades, sobre todo si está dirigido a jóvenes y el precio es asequible. Estoy seguro que por tu mente pasan varios ejemplos.

Así que vamos a centrarnos en el cliente, esa persona que debe auto-convencerse que necesita nuestro producto/servicio, meter la mano en su bolsillo y pagarnos por obtenerlo. Lo primero que puede suceder es que decida no comprarlo, lo cual es muy grave, pues ha pasado de cliente potencial a no comprador. Los no compradores suelen hablar mal del producto sin haberlo probado, pues es la forma que tienen de justificar su decisión. Esto hace daño al negocio. Por lo tanto, un no-cliente hace tanto daño como un cliente insatisfecho.

Pero imaginémonos que adquiere el producto/servicio. Lo siguiente que puede ocurrir es que se decepcione, y considere que ha cometido un error comprándolo. Esto suele ocurrir cuando existe una gran diferencia entre sus expectativas y el producto/servicio que recibe. Generalmente es responsabilidad de las campañas de marketing, que pueden ser tan agresivas, tan tergiversadoras y efectivas que cuando el cliente compra el producto y lo ve en realidad se siente defraudado, estafado. Esto suele ocurrir con productos muy visuales y apetecibles, como por ejemplo con la comida rápida. Este cliente, si no le queda que seguir comprando el producto, se mantendrá en una queja continua. Y si no tiene por qué volver a comprarlo, posiblemente se vuelva un enemigo acérrimo.

Por último está ese cliente que adquiere regularmente el producto/servicio, y que por lo tanto ya lo tenemos fidelizado, pero que en un determinado momento deja de estar satisfecho, generalmente porque considera que ha disminuido la calidad del mismo, aunque no sea verdad. En principio no hablará mal de él, pero ya abrirá su mente a nuevas alternativas, y en cuanto la encuentre dejará de consumir nuestro producto para empezar a consumir otro. Cambiar de marca suele costar, y una vez hecho rara vez se vuelve hacia atrás, por lo que será un cliente perdido para siempre.

El planteamiento del artículo de este mes es ¿Se pueden contentar a todos los clientes?, ¿Cómo podemos hacer para mantenerlos plenamente satisfechos? La respuesta, aunque quizás no sea la que quieres, es que NO, no se puede contentar a todos/as.

Las personas somos diferentes, y además nuestros gustos varían con el tiempo. Y aunque nos fidelizamos a algunas marcas, la realidad es que vamos pasando de productos en productos a lo largo de nuestra vida. Muy pocos nos acompañan muchos años. Lograr que tu producto/servicio sea uno de ellos es muy complicado.

Si lo que quieres es dar un pelotazo, da lo mismo lo que vendas. Las personas compran lo que les meten por los ojos. Invierte en una buena campaña de ventas y vende todo lo que puedas. Sabes que en cuanto quemes el cartucho de la novedad tus ventas volverán a cero. Pero eso hará que también quemes la imagen de tu marca, y la tuya propia, por lo que te será cada vez más difícil crear una campaña exitosa.

Mi recomendación es otra. Lo que debes hacer es asumir que NO puedes contentar a todos los clientes. Esa es la estrategia de las grandes compañías. Ellos lo saben, y por eso ganan tanto dinero. Una vez lo tengas asumido, verás cómo todo tu enfoque del negocio varía. Vamos a poner en práctica este principio básico en siete consejos para tu negocio, pero podrían ser más. Recuerda, NO puedes contentar a todos/as, y por lo tanto:

Primero, no debes gastar todo el tiempo y tus recursos en crear un producto perfecto, porque agotarás el negocio antes de realizar la primera venta. De nada sirve una maravilla de producto si no logras venderlo. Así que ya sabes, el producto/servicio debe ser novedoso y único, pero no perfecto. Cuanto más barato y sencillo de crear mejor, ya habrá tiempo de meter dinero y tiempo en un súper-producto más adelante. Al principio conténtate con algo simple y útil.

Segundo, crea el producto/servicio que tú quieras crear, no te dejes llevar por las modas o las encuestas de opinión. Si tú has detectado una necesidad, y quieres cubrirla, hazlo. Da lo mismo lo que digan los demás. Crea tú el producto, y enseña a los clientes a consumirlo (¿A qué nadie te ha preguntado cómo debe ser un teléfono móvil?)

Tercero, no enfoques tu producto para que sea consumido por toda la población. Es imposible llegar a todos. Enfoca tus energías en la tipología de clientes donde crees puedes tener mejores ventas, y olvídate de los demás. Una vez tengas éxito podrás ampliar el rango de acción.

Cuarto, escucha muy atentamente a los que critican el producto/servicio. En realidad las personas que están criticando están trabajando para ti gratis, y no lo saben. Deja que se quejen, recoge bien la información, y úsala a tu favor si crees que puedes mejorar con ella.

Quinto, no esperes a que alguien se queje para ver cómo solucionas su problema. Tienes que tener creado desde el inicio un protocolo que te ayude a actuar cuando alguien se viene a quejar.

Atiéndelo rápido, con eficacia, y déjalo que se exprese. No dudes en devolverle su dinero o cambiarle el producto, aunque seas tú el que pierde. De esta forma, podrá quejarse del producto/servicio, pero no de la atención.

Sexto, forma a tu personal en el trato al cliente, especialmente en la gestión de quejas y reclamaciones. También puedes crear unas FAQ´s en tu página web o en letreros en tu negocio. Es decir, una serie de preguntas frecuentes con sus correspondientes respuestas. Esto te ahorrará tiempo y recursos, puesto que la mayoría de las personas de contentará con buscar en ellas la información que necesitan.

Séptimo, separa el canal de ventas del de quejas. Atender las quejas quita tiempo y recursos, y encima es escandaloso a veces. Fíjate cómo actúan las grandes superficies. Tienen un departamento dedicado a esto exclusivamente, generalmente en un lugar apartado al final de las cajas, para que el proceso de ventas no se vea interrumpido por las quejas.

Cómo ejemplo de todo esto piensa que fueras dueño de una pequeña panadería de barrio. La cola de la mañana, y varios clientes esperando por su pan. En eso el cliente al que estás atendiendo empieza a quejarse, y rápidamente sube la voz. Si tratas de negociar con él/ella en ese momento, seguro se monta un espectáculo, el resto de clientes lo oirá todo, se cansarán de esperar y se irán. Y además, sus comentarios, aunque sean mentira, calarán en las mentes de los demás. ¿Solución? Trátalo como a un Rey, háblale con cordialidad, dale la razón, si puedes pon a otra persona a atender y quédate tú en un lugar apartado con él/ella, incluso fuera del local. Discúlpate rápidamente "Aquí servimos calidad, pero somos humanos. No se preocupe Sr/Sra...., aquí tienes 3 barras de regalo para compensar sus molestias, venga mañana y verá lo buenos que van a estar los cruasanes, etc..." Todos los grandes negocios saben que la mejor forma de fidelizar a los clientes es tener un buen departamento de Sugerencias, Quejas y Reclamaciones, y resolverlo todo con eficacia y rapidez, porque eso les da confianza, el elemento más importante de los negocios.

Tu negocio depende de cómo trates a los clientes, y recuerda, nunca podrás contentarlos a todos/as. De cómo gestiones las quejas dependerá en buena parte tu éxito. A por ellos…

## 20. Sé tú mismo: que nada ni nadie te limite.

Los empresarios y empresarias son personas extraordinarias. Tienen algo que el resto de las personas no poseen. Tienen un sueño, una visión. Tienen un proyecto de futuro. Tienen una misión en el mundo, y saben cuál es. Quieren vivir de forma extraordinaria y tener éxito.

El resto de las personas, que tienen mentalidad de empleados, lo buscan de otra forma. Para ellos tener éxito en la vida es tener un buen trabajo fijo, disfrutar de una buena nómina, de unas buenas vacaciones, de una buena casa, de un buen coche, tener los niños en un buen colegio, disfrutar de orden en su entorno, que todo cuadre. Y para ello luchan a diario, buscando trabajo si no tienen, trabajando duro para otros, invirtiendo su dinero en esa casa, coche o colegio, manteniendo el orden y la estabilidad en su entorno y familia. Malgastan su vida en cumplir su sueño, y sufren mucho cuando ven que no lo están logrando. Generalmente, existe una enorme brecha entre lo que ellos sueñan tener y lo que realmente tienen. Y por eso sufren. Y se revelan. Y lo que hacen es tratar de trabajar más, tanto dentro como fuera de casa. Y pasan los años, y van dejando atrás todo aquello que realmente quisieron hacer por todo lo que debieron hacer. Y les llega la jubilación, y los hijos se van de casa, y todo por lo que lucharon desaparece. Y entonces se sienten vacíos, aunque con la satisfacción del deber cumplido, y viven de recuerdos y de pasado el resto de su vida.

Un verdadero emprendedor no lucha por una vida como la descrita antes. No busca el éxito en la estabilidad laboral y personal. Sabe bien que si quiere llegar a su meta debe luchar contra el sistema, que trata de convertirlo en empleado, y contra las personas de su entorno, que tratan de limitarlo, "por su bien". Lo de menos para un emprendedor es tener un trabajo fijo, le da lo mismo una nómina, ni unas vacaciones pagadas, ni tener un coche una casa. Sabe que el éxito reside en usar, no en poseer. En crecer y variar, en vez de estancarse. No es una meta en si misma tener su vida en orden, sino que utiliza el orden y la planificación para seguir adelante. No piensa en la futura pensión, porque sabe que nunca se jubilará. No vive de los recuerdos y del pasado, porque su cabeza está llena de nuevas metas por cumplir, y sabe que morirá con las botas puestas. Su objetivo en la vida no es sólo su casa y su familia, porque sabe que, aunque son lo más importante, también le limitan y estancan. Quiere dejar su impronta en este mundo, su grano de arena, su legado.

Y para ello el emprendedor trabaja duro, muy duro. No piensa en disfrutar de un horario, ni en simplemente cumplir con su trabajo. Un emprendedor tiene un sueño, y lo persigue sin descanso. Lucha a diario contra sus propias limitaciones, que le impiden avanzar. Lucha contra la familia y amigos, que tratan de que "entre en razón". Lucha contra las administraciones públicas y el sistema, que le impiden avanzar en vez de apoyar su iniciativa. Diariamente surgen distorsiones y problemas que harían a cualquiera dejar su sueño aparcado, y concentrarse en la vida real. Pero él/ella no quiere la vida real, perfecta y monótona que desean los que tienen mentalidad de empleado. De día y de noche las ideas sobre su proyecto brotan como de la nada, y no puede evitar sentir la sensación de que tiene que hacer algo, que tiene que ponerse en movimiento. Cada día que pasa y no ha podido avanzar siente que ha sido una oportunidad perdida.

Como hay que pagar facturas y vivir dentro del sistema, muchos verdaderos emprendedores se ven atrapados en una forma de vida que no quieren, yendo a diario a trabajar para otros, pagando por un sistema de vida que realmente no quieren, pero que es el "correcto". Y ven como las horas y los días pasan y no avanzan en su proyecto, porque apenas tienen tiempo para nada. Y es que ahí es donde reside el problema, la "vida normal" roba el tiempo para poder cumplir los sueños.

Todo son límites. Todo son impedimentos, tanto internos como externos. Tener una autoestima lo suficientemente alta para poder superarlos no está al alcance de cualquiera. Aunque seas muy optimista, la vida "real" te va machacando de tal forma que muchos abandonan, y se convierten en este 99% de la población que no cumple sus sueños. Y cuando eso ocurre, te das cuenta de que las personas alrededor te apoyan, te aceptan, te quieren más. ¿Por qué?

Porque has renunciado a tu sueño, y te has adaptado al sistema. Ya no hay discusiones ni problemas en tu familia, y la administración no te persigue mientras pagues puntualmente. Si hubieras luchado por tu sueño los habrías dejado en ridículo, porque ellos/ellas han elegido no hacerlo. Y tú, de nuevo en el redil, te conviertes en otra oveja que esperará pacientemente a ser feliz cuando se jubile….si no se muere antes. Eso sí, en algunos momentos sentirá una quemazón en su interior, una mezcla de rabia, impotencia y resignación, que irá mitigando día a día hasta que se auto convenza de que el camino correcto es ser empleado y tener una vida estable, al fin y al cabo él/ella lo ha elegido. El siguiente dato que confirmará la alineación al sistema será cuando vea a alguien que quiera emprender, y le aconseje que no lo haga, lo desanime, porque para qué, si al final vas a fracasar…

Sólo algunos/as verdaderos luchadores se arman de valor, y con una autoestima a prueba de bombas, son capaces de seguir adelante. Esto no garantiza su éxito, y posiblemente no logren su sueño, o quizás solo alcancen parte de sus metas, pero al final de sus días tendrán la satisfacción de haberlo intentado, de haber invertido su vida en lo único que valía la pena. Saben que lo importante es disfrutar del camino, tener una vida extraordinaria.

Ser emprendedor no es un trabajo, no es una profesión, es un estilo de vida. Todas tus acciones están condicionadas por tu visión optimista y creadora del mundo, por mucho que los demás quieran limitarte. Quieres vivir una vida extraordinaria llena de retos y avances. No te dejes amargar por los amargados que quieren que nada cambie, que quieren que el mundo sea como ellos quieren, controlado y estable. Ni los oigas. Sigue adelante. No te pares a discutir con ellos, no te van a entender ni a aceptar jamás.

Crea tu futuro. Será duro, muy duro, pero será tuyo. Y empieza hoy.

## SOBRE EL AUTOR.

Matías Fonte-Padilla, es Escritor, Mentor de Emprendedores, Divulgador y Biólogo. Ha trabajado para diversas administraciones públicas y empresas privadas. Ha ejercido más de 10 profesiones. Ha tenido varias empresas y participado en numerosos proyectos.

Es autor de los libros "20 consejos para emprender con éxito. Reflexiones de un empresario arruinado", "Cuando emprender es tu destino. Artículos para diseñar tu Vida como emprendedor", ambos de autoayuda empresarial, y de "El Tráfico no tiene solución. La ciudad comunicada" sobre movilidad sostenible. Tiene algunos libros en producción.

En la actualidad trabaja como docente, actividad que compagina con la formación a emprendedores, la escritura y la participación en proyectos, muchos de forma altruista.

Él crea su futuro día a día, disfrutando y esforzándose, y sobre todo, siendo feliz.

¡Vida sólo hay una!, ¡Disfrútala cumpliendo tu sueño!

www.ingramcontent.com/pod-product-compliance
Lightning Source LLC
Chambersburg PA
CBHW061202180526
45170CB00002B/914